Manual Ingenieria De la Seguridad

Rafael Darío Sosa González

Colección Seguridad Privada
Securityworks
Protección Integral

CONTENIDO

1

INGENERIA DE LA SEGURIDAD

Definición

La **ingeniería de seguridad** es una rama de la ingeniería, que usa todo tipo de ciencias para desarrollar los procesos y diseños en cuanto a las características de seguridad, controles y sistemas de seguridad. La principal motivación de esta ingeniería ha de ser el dar soporte de tal manera que impidan comportamientos malintencionados. Es también llamado/a security engineer, atiende a la protección de los sistemas informáticos de una organización. Su tarea principal es proteger los sistemas informáticos y la información que contienen. Con ese fin, se encarga de realizar análisis de riesgos, diseñar políticas de seguridad y desarrollar soluciones para prevenir y mitigar posibles ataques.

La ingeniería de seguridad es un proceso para diseñar medios, productos y estructuras más seguras. También puede implicar mejorar la seguridad en sitios laborales, instalaciones de fabricación y productos como cambio de normas de seguridad.

La ingeniería de seguridad es una profesión naciente por la cual se obtiene título ofrecido por programas de ingeniería de fabricación. La ingeniería de seguridad es un título menor ofrecido en programas de arquitectura, diseño de la construcción e ingeniería de minería a nivel universitario.

De acuerdo con el "Occupational Outlook Handbook" (Manual de perspectiva ocupacional), aproximadamente 7.000 ingenieros de seguridad de minería y 23.000 ingenieros de seguridad son empleados en Estados Unidos. Los ingenieros de seguridad trabajan en empresas de arquitectura y compañías de diseño de ingeniería. Los ingenieros también son empleados en sitios del trabajo de construcción, minas e instalaciones de fabricación.

La ingeniería de seguridad es un campo de la ingeniería que se centra en diseñar, implementar y mantener sistemas y medidas destinados a proteger la información, los activos y las personas de posibles amenazas y riesgos de seguridad. Su objetivo principal es garantizar la confidencialidad, integridad y disponibilidad de los datos y recursos de una organización. A continuación, se describen algunos aspectos clave de la ingeniería de seguridad:

-Identificación de riesgos: Antes de implementar medidas de seguridad, es esencial identificar y evaluar los riesgos a los que una organización está expuesta. Esto implica analizar las amenazas potenciales, las vulnerabilidades existentes y las posibles consecuencias de los incidentes de seguridad.

Gestión de incidentes: La ingeniería de seguridad también cubre la gestión de incidentes de seguridad. Esto implica la temprana de posibles amenazas, la respuesta adecuada a incidentes cuando ocurren y la implementación de medidas para evitar futuros incidentes similares.

Diseño seguro: La ingeniería de seguridad se enfoca en integrar medidas de seguridad desde el inicio del diseño de sistemas y aplicaciones. Esto incluye la implementación de controles de acceso, cifrado de datos, autenticación, autorización y otras prácticas seguras.

Protección contra incendios: Minimiza el riesgo de que los edificios se prendan fuego o colapsen durante un incendio. La ingeniería de seguridad contra incendios para edificios incluye la instalación de sistemas anti incendios, que combatan el fuego, proporcionando amplios medios de escape, detección de incendios y métodos de advertencia.

Desarrollo seguro: Durante el proceso de desarrollo de software, los ingenieros de seguridad trabajan en conjunto con los desarrolladores para garantizar que las aplicaciones sean resistentes a las amenazas cibernéticas. Esto implica la revisión de código, pruebas de penetración y la aplicación de buenas prácticas de desarrollo seguro.

Cumplimiento de normas: En muchos casos, las organizaciones deben cumplir con regulaciones y estándares de seguridad específicos, como GDPR, HIPAA, ISO 27001, entre otros. La ingeniería de seguridad ayuda a garantizar que una organización cumpla con estos requisitos legales y normativos.

Educación e instrucción: La formación y la concienciación en seguridad son fundamentales en la ingeniería de seguridad. Se busca que los empleados y usuarios finales estén informados y capacitados para reconocer y responder a posibles amenazas de seguridad.

Evaluación continua: La seguridad es un proceso en constante evolución. Los ingenieros de seguridad deben realizar evaluaciones periódicas de riesgos y ajustar las medidas de seguridad según sea necesario para mantenerse al día con las amenazas emergentes.

En resumen, la ingeniería de seguridad es un enfoque integral e integro para proteger los activos de una organización contra amenazas y riesgos de seguridad. Implica la aplicación de prácticas y medidas de seguridad en todas las etapas del ciclo de un sistema o aplicación y requiere una comprensión profunda de las amenazas y vulnerabilidades actuales en el entorno de seguridad cibernética.

Principios

Los principios de la ingeniería de seguridad consisten en identificar los potenciales riesgos, vulnerabilidades de seguridad y minimizarlos. Por medio de la mitigación de los mismos se reducen las probabilidades de que sucedan incidentes de inseguridad o reducir la severidad de los mismo de manera anticipada o mientras ocurre un accidente una vez que ocurre. Este proceso se logra cambiando el diseño del producto para evitar que sucedan fallas peligrosas. También son agregadas medidas de seguridad para proteger a las personas si sucede un acto que vulnere.

El campo de esta ingeniería puede ser muy amplio, podría desarrollarse en muchas técnicas:

- Equipos: Como cortinas anti ataque cibernético, software anti malwares y antispam
- Diseño de seguridad tecnológica (Comand center, cámaras, sensores)
- Procesos: políticas de control de seguridad cibernética, física, procedimientos de acceso.
- Informático: control de contraseñas, criptografía,

Funciones y responsabilidades

El ingeniero de seguridad es una pieza importante del rompecabezas de una empresa, es la parte primaria de la sinergia de una organización, ya que su principal cometido es garantizar la protección de la información y los sistemas de la compañía. Para alcanzar este objetivo, este profesional debe realizar a diario diversas tareas, por ejemplo, supervisar y controlar la red y los sistemas de seguridad, identificar posibles vulnerabilidades y elaborar planes para solucionarlas, mantener y actualizar las políticas de seguridad, evaluar y auditar los sistemas de seguridad, gestionar la implantación de soluciones de seguridad, etc.

Adicionalmente el Ingeniero de Seguridad debe estar a la vanguardia con el desarrollo de nuevas tecnología como la Inteligencia Artificial AI y nuevas modalidades de delitos cibernéticos que amenazan la seguridad informática y ser capaz de aplicarlas en su trabajo diario para mantener un entorno seguro para la empresa. En pocas palabras, las funciones de un ingeniero de seguridad son cruciales para proteger la información y los activos de la organización de posibles amenazas externas e internas.

Entre las funciones principales está:

- Ayuda a analizar peligros y riesgos durante el desarrollo y la implementación de sistemas utilizando métodos y procedimientos previamente acordados.
- Documenta los resultados de las actividades de análisis de peligros y riesgos.
- Presta asistencia para recopilar evidencias de garantía de seguridad, utilizando los métodos y las herramientas más adecuados.
- Realiza todo su trabajo de acuerdo con estándares de seguridad, técnicos y de calidad previamente acordados.

- Contribuye a identificar, analizar y documentar los peligros y riesgos de seguridad utilizando métodos y procedimientos previamente acordados.
- Contribuye a especificar los requisitos de seguridad.
- Analiza y documenta los resultados de validar la seguridad durante el desarrollo e implementación de sistemas.
- Contribuye a desarrollar y mantener planes de garantía de seguridad de proyectos y reúne evidencia sobre ella para preparar casos de seguridad.
- Identifica y analiza peligros y contribuye a identificar y evaluar medidas de reducción de riesgos, asegurándose de que se documenten de manera apropiada.
- Especifica arquitecturas de sistemas relacionados con la seguridad para niveles de protección definidos.
- Desarrolla y mantiene planes de garantía de seguridad de proyectos. Monitorea la implementación y el cumplimiento. Garantiza que se recopile evidencia de garantía de seguridad para la preparación de casos de seguridad.
- Trabaja con arquitectos, diseñadores y desarrolladores de sistemas para garantizar la implementación de los requisitos de seguridad.
- Asume la plena responsabilidad del análisis de peligros y la evaluación de riesgos, el diseño arquitectónico de sistemas relacionados con la seguridad y la planificación del cumplimiento de las normas de seguridad.
- Lidera la definición y asignación de requisitos de seguridad para el sistema, de acuerdo con su naturaleza y el nivel de seguridad requerido.
- Asume la responsabilidad de los aspectos relacionados con la seguridad de múltiples proyectos complejos o con altos niveles de integridad de protección.

Desarrollo profesional en la carrera de Security Engineer

Por supuesto, en cuanto al desarrollo profesional de un/a ingeniero/a de seguridad, las perspectivas de crecimiento son diversas y prometedoras. Uno de los caminos más evidentes es el de la especialización, ya que el mundo de la ciberseguridad es muy amplio y consta de diferentes áreas que un/a profesional puede explorar para profundizar sus conocimientos. Por ejemplo, algunos/as optan por centrarse en la seguridad de aplicaciones, mientras que otros/as se enfocan en la infraestructura de red o en el análisis forense.

Además, con la creciente digitalización de las empresas, cada vez hay más demanda de profesionales de la ciberseguridad en diferentes sectores, desde la banca y las finanzas hasta el retail y la industria manufacturera. Asimismo, el avance tecnológico constante significa que siempre hay nuevos desafíos y oportunidades para los/as ingenieros/as de seguridad, lo que hace que esta sea una profesión en constante evolución. Además, aquellos/as que tienen certificaciones en áreas específicas, como CISSP (Certified Information Systems Security Professional) o CISM (Certified Information Security Manager), también pueden mejorar su potencial de ingresos.

Formación y aptitudes técnicas

Para ser un ingeniero/a de seguridad se requiere de una formación técnica en informática, redes y seguridad informática. Por lo general, se requiere contar con un título universitario en ingeniería informática, seguridad informática o alguna carrera afín.

Además, es importante mantenerse actualizado/a en cuanto a las últimas tendencias por lo que se recomienda realizar cursos de formación continua y certificaciones en seguridad informática.

Formación y aptitudes técnicas

Ha un ingeniero de seguridad, es necesario contar con una formación académica sólida en el área de la seguridad de la información. Lo más común es que los ingenieros de seguridad tengan una licenciatura o posgrado en ciencias de la computación, ingeniería eléctrica o electrónica, o alguna otra área relacionada con la tecnología.

Adicionalmente, hay muchos cursos en línea y presenciales que pueden ayudar a desarrollar habilidades específicas y conocimientos en el campo de la seguridad cibernética, como:

- Cursos de seguridad cibernética en línea como los ofrecidos por SANS Institute, Udemy, Coursera y otros.
- Certificaciones de seguridad como CISSP, CISM, CEH, CompTIA Security+, entre otras.
- Cursos de seguridad en redes y sistemas operativos como los ofrecidos por Cisco, Microsoft, Linux Professional Institute, entre otros.

También es importante tener una comprensión profunda de los principales marcos y estándares de seguridad, como ISO 27001, NIST, HIPAA y PCI DSS, entre otros.

En general, los ingenieros de seguridad deben estar siempre actualizados sobre las últimas tendencias y amenazas de seguridad, por lo que la educación continua y la formación son claves en esta carrera.

Requisitos y habilidades necesarios

Un ingeniero de seguridad necesita contar con una serie de habilidades y conocimientos técnicos para poder desempeñar su trabajo de manera eficiente.

Algunas de las habilidades más importantes son:

- Conocimientos técnicos (hard skills) en seguridad informática, redes y sistemas.
- Conocimiento básico en concepto de seguridad
- Habilidad para identificar y evaluar posibles riesgos y vulnerabilidades.
- Capacidad para diseñar e implementar soluciones de seguridad informática.
- Habilidad para trabajar en equipo y comunicarse efectivamente (soft skills).
- Conocimientos en programación y lenguajes de scripting.
- Conocimientos en metodologías de pruebas de penetración y análisis forense.
- Habilidad para trabajar bajo presión y tomar decisiones en situaciones de crisis.
- Destrezas para determinar anticiparse y determinar: riesgos, amenazas y vulnerabilidades

En resumen, el campo de la seguridad informática ofrece una gran cantidad de oportunidades de crecimiento y desarrollo en la que un/a ingeniero/a de seguridad puede esperar una carrera gratificante y en constante evolución.

2
SENSIBILIZACION HACIA LA SEGURIDAD

La seguridad es un estado, mental y psicológico, que se manifiesta en el individuo mediante la confianza, la tranquilidad y la paz.

El estado contrario es la inseguridad, que se manifiesta en el individuo por la desconfianza, la preocupación, miedo, pánico. La seguridad siempre debe estar en nuestra mente y formar parte de nuestra vida y de nuestras costumbres.

SEGURIDAD Y CONTROL DE VISITANTES

-   No dejarse sorprender
-   Estar alerta, estar atentos
-   Estar preparado para evitar que algo malo suceda
-   Estar entrenados para lo que pueda suceder
-   Reaccionar a tiempo, tener la respuesta eficaz
-   Estar en situación física y mentalmente en el puesto de trabajo.
-   Mensaje de un pensador
-   Vinieron por los campesinos
-   Luego vinieron por los campesinos
-   Luego vinieron por mi vecino
-   Luego vinieron por mí, pero ya es demasiado tarde análisis-enseñanzas
-   Características – Virtudes -- Cualidades especiales de la profesión.
-   Actitud mental positiva
-   Más son los deseos, la fuerza interior que lo lleva a actuar a fijarse retos y alcanzar metas y objetivos en la vida.
-   Ser optimista en lugar de ser derrotista
-   Actuar en lugar de aplazar
-   Perseveraren lugar de renunciar
-   Reaccionar con fe y esperanza en lugar de darse por vencido.
-   Memoria

- Recordar datos de interés; nombres direcciones, teléfonos, detalles.
- Capacidad de comprensión
- Sentido común
- Juicio Lógico
- Toma de decisiones

Iniciativa
- Hacer mejor el trabajo como se le ordena
- Innovar
- Sugerir
- No esperar recordatorios
- Creatividad
- Estabilidad emocional
- No perder el control
- Cortesía
- Amabilidad
- Buenas maneras
- Buen comportamiento
- Respeto hacia los demás
- Evitar Ostentación
- Descuido no mantenerse alerta
- Imprevisión no prever las cosas
- La sorpresa no estar alerta para dar una respuesta rápida.
- La confianza Ojo con las llamadas de auxilio
- La provocación caer en la trampa
- La indisciplina salirse de las normas y reglamentos
- La negligencia no hacer lo que tienen que hacer
- La curiosidad mata
- La ingenuidad suministrar información a extraños
- La rutina facilitar el accionar de los posibles agresores.
- Ponga en práctica
- Sea consciente del papel que desempeña.
- Utilice su mente y sus experiencias
- Su honestidad y veracidad no encubre nada
- Mantenga siempre una actitud preventiva

- El plan de seguridad y las normas allí contenidas.

ESTUDIO DE SEGURIDAD FÍSICO

LUGAR Y FECHA	:
EMPRESA	:
DIRECCION	:
TELEFONO	:
GERENTE	:
JEFE DE SEGURIDAD	:
FUNCIONARIOS PARTICIPANTES	:
ASESOR EN SEGURIDAD	:

I. DESCRIPCION GENERAL DE LA EMPRESA

1.- FUNCION DE LA EMPRESA :

_____

_____

_____

2.- ORGANIZACIÓN DE LA EMPRESA

EJECUTIVOS		OPERATIVOS	
EMP. ADMINISTRATIVOS		PLANTA	
OBREROS		EXTERNOS	
CONTRATISTAS		TEMPORALES	

3.- HORARIOS DE TRABAJO

HORARIO DIAS	TURNO No 1			TURNO No 2			TURNO No 3		
	DESDE	HASTA	No EMPL	DESDE	HASTA	No EMPL	DESDE	HASTA	No EMPL
LUNES									
MARTES									
MIERC.									
JUEVES									
VIERNES									
SABADO									
DOM/GO									
FESTIVO									

4.- UBICACIÓN AUTORIDADES Y SERVICIOS DE EMERGENCIA

AUTORIDADES	DIRECCION	TELEFONO
POLICIA		
SIJIN		
DAS		
UNASES / GAULA		
BOMBEROS		
TRANSITO		
ELECTRIFICADORA		
EMPRESA DE GAS		
ACUEDUCTO		
CRUZ ROJA /DEF. CIVIL		
AMBULANCIAS		
CENTROS ASISTENCIALES		
OTROS		

II. TERRENO CIRCUNDANTE

1.- AREA : URBANA_____ SUB-URBANA_____ RURAL

_____

_____

2.- TOPOGRAFÍA : PLANA /MONTAÑOSA / BOSCOSA / SELVÁTICA / ONDULADA

_____

_____

_____

3.- SISTEMA VIAL : RUTAS DE ACCESO / RUTAS RAPIDAS/ LENTAS/ AUTOPISTAS

_____

_____

4.- SERVICIOS PUBLICOS DISPONIBLES : LUZ-AGUA-TELÉFONO-GAS-OTROS-
UBICACIÓN:_____

_____

PRESTACIÓN DEL SERVICIOS

_____

_____

III. CARACTERISTICAS DEL VECINDARIO

1.- STATUS ECONOMICO: Condiciones de trabajo y salarios / sectores : RESIDENCIAL – INDUSTRIAL – COMERCIAL – BANCARIO – PORTUARIO – AGRICOLA – GANADERO – PETROLERO   :

_____

_____

_____

2.- STATUS SOCIAL : ALTO - MEDIO ALTO – MEDIO – MEDIO BAJO - BAJO

_____

_____

3.- PANORAMA SICOLOGICO : Tendencias e influencias políticas, delincuenciales, subversivas, sindicales

_____

_____

4.- FENOMENOS NATURALES : Riesgos generados por la naturaleza Sismos, inundaciones, avalanchas, terremotos, deslizamientos de tierra, etc.

_____

_____

5.- EXPERIENCIAS DE OTRAS EMPRESAS / OTROS COMENTARIOS :

_____

_____

IV. PERIMETRO

1.- CONSTRUCCIONES DEL PERIMETRO : Edificaciones Dominantes, tipos de construcción, desocupadas, lotes, terrenos baldíos.

_____

2.- BARRERAS PERIMETRICAS : Tipo, altura, material, distancia a la edificación principal, estado, limpieza, mantenimiento, remate final, sistemas electrónicos.

_____

_____

3.- PUNTOS CRITICOS DE LA BARRERA: Desechos cerca de la barrera, puntos ciegos, obstáculos, Techos, paredes, arboles cerca de la malla.

_____

_____

4.- CONTROLES DE ACCESO :

PORTERIA DE PERSONAL:

UBICACIÓN:_____

IDENTIFICACIÓN DE
PERSONAS:_____

SISTEMA DE ACCESO: (Eléctrico – Electrónico –
Mecánico)_____

VISIBILIDAD INTERNA_____

VISIBILIDAD EXTERNA:_____

SISTEMAS DE COMUNICACIÓN:_____

AREA DE
REQUISA:_____

EQUIPOS ELECTRÓNICOS DE
 REQUISA:_____

SISTEMA DE CONTROL DE
PERSONAL:_____

LIBROS DE CONTROL DE
PERSONAL:_____

LIBROS DE CONTROL DE
DOCUMENTOS:_____

ACCESO A LA PORTERIA:_____

PORTERIA DE VEHÍCULOS:

UBICACIÓN:_____

IDENTIFICACIÓN DE
VEHÍCULOS:_____

SISTEMA DE ACCESO: (Eléctrico – Electrónico –
Mecánico)_____

VISIBILIDAD INTERNA_____

VISIBILIDAD
EXTERNA:_____

SISTEMAS DE
COMUNICACIÓN:_____

AREA DE
REQUISA:_____

EQUIPOS ELECTRÓNICOS DE
 REQUISA:_____

EQUIPOS MECÁNICOS DE
REQUISA:_____

SISTEMA DE CONTROL
VEHICULOS:_____
LIBROS DE CONTROL DE
VEHICULOS:_____

V. INSTALACIONES

A. GENERAL : Descripción General de la edificación:

1.- TIPO DE CONSTRUCCION : Parte externa de la instalación - Cemento, Ladrillo, tapia pisada, madera, No plantas (pisos), cantidad de edificaciones   (principal   –   aledañas).

_____

_____

2.- CARACTERISTICAS DE LOS PUNTOS ACCESO PRINCIPALES

2.1. PUERTA ENTRADA PRINCIPAL PERSONAS :

MATERIAL: (Madera – Metálica – Vidrio, etc.)
SEGURIDAD: (Reforzada – Rejas – Pasadores- Ojo mágico, alarmas)
CERRADURAS: (Sencilla – Doble)
PIVOTES (BISAGRAS):
MECANISMO DE APERTURA Y CIERRE: (Eléctrico – Electrónico – Mecánico)

_____

_____

PUERTA ENTRADA DE VEHÍCULOS:
MATERIAL: (Madera – Metálica – Reja, Portón, etc.)
SEGURIDAD: (Reforzada – Cadenas – Candados- Ojo mágico, alarmas)
CERRADURAS: (Sencilla – Doble)
PIVOTES (BISAGRAS):
MECANISMO DE APERTURA Y CIERRE: (Eléctrico – Electrónico – Mecánico)

_____

_____

B. PARTICULAR: Si la instalación consta de varias edificaciones, se describe en igual de características del punto (1) TIPO DE

CONSTRUCCIÓN cada edificación y la parte interna se toma dependencia por dependencia (Recepción – Pasillos – Oficinas, etc,)

1. DESCRIPCIÓN DE LA DEPENDENCIA:
NOMBRE
UBICACIÓN
CARACTERÍSTICAS

2. PUERTA ENTRADA
MATERIAL: (Madera – Metálica – Vidrio, etc.)
SEGURIDAD: (Reforzada – Rejas – Pasadores- Ojo mágico, alarmas)
CERRADURAS: (Sencilla – Doble)
PIVOTES (BISAGRAS):
MECANISMO DE APERTURA Y CIERRE: (Eléctrico – Electrónico – Mecánico)

3. VENTANAS : No de ventanas, altura, material, cerraduras, protección.
MARCO: (Madera – Metálica – Aluminio, etc.)
MATERIAL: (Madera – Reja – Vidrio, etc.)
ALTURA:
VISIBILIDAD AL INTERIOR Y EXTERIOR
SEGURIDAD: (Reforzada – Rejas – Pasadores, alarmas)
CERRADURAS: (Sencilla – Doble)
PIVOTES (BISAGRAS):
MECANISMO DE APERTURA Y CIERRE: (Eléctrico – Electrónico – Mecánico)

4. TECHOS :
CARACTERÍSTICA DEL TECHO: (Plancha – Teja, etc,)
CIELO RASO:
SEGURIDAD: (Rejas, varillas, refuerzos, alarmas, etc.)
ALTURA:
TRAGA LUCES
VENTILACIÓN: (Ductos – Aire Acondicionado – Claraboyas)

5. ILUMINACION INTERNA :
NATURAL: (Durante el día – Noche)
ARTIFICIAL (Cobertura, sistemas de encendido, controles, estado de las instalaciones)

_____
_____

VI. ILUMINACION PROTECTIVA

1.- BARRERA PERIMETRICA : Tipo de iluminación, aérea, terrestre, Cobertura total – parcial - adecuada, cubre toda la extensión de la barrera, sectores y puntos oscuros, alumbrado interior o exterior.

_____
_____

2.- SISTEMAS DE EMERGENCIA : Plantas de energía, capacidad ,encendido, mantenimiento, pruebas.

_____
_____

3.- AREAS ILUMINADAS : Porterías, Parqueaderos, edificaciones, control de áreas aledañas.

_____
_____

4.- SISTEMA DE CONTROL DE LA ILUMINACION : Ubicación, acceso, manejo, seguridad.

_____

VII. CONTROL DE PUERTAS – CERRADURAS Y LLAVES

1.- CONTROL DE LLAVES O CODIGOS : Personas que manejan las llaves o código de barras, cambio de cerradura por cambio de personal, perdidas, investigación por perdida o robo de llaves.

_____
_____

2.- LLAVES MAESTRAS : Existencia, personas autorizadas, distribución.

_____

_____

3.- DUPLICADO DE LLAVES: Existencia, control, distribución, autorización.

_____

_____

4.- SERVICIO DE CAERRAJERIA : Empresa, personas, estudios de seguridad personal.

_____

_____

5.- INSPECCION DE LLAVES : Duplicados de las llaves son inspecciones, sirven, seguridad de las mismas, inventario, periodicidad.

_____

_____

6.- SISTEMAS DE ALARMAS EN LAS PUERTAS : Existencia y eficacia.

_____

_____

7.- REGISTRO DE APERTURA Y ACCESO : Control sobre puertas de acceso restringido.

_____

_____

8.- CAJAS FUERTES

No	UBICACION	RESPONSABLES

9.- COMBINACION DE CLAVES : Periodicidad cambio claves, seguridad y control de las claves

_____

_____

10.- CONTROL DE CANDADOS : Cantidad de candados, control de llaves, inspecciones, cambios, rotación de los mismos.

_____

_____

VIII. SISTEMAS DE ALARMAS

1.- EMPLEO DE SISTEMAS DE ALARMAS : Contra - sustracción, vidrios, incendios, aperturas, pánico, emergencias.

_____

_____

2.- TIPOS DE ALARMAS:

UBICACION	MONITOREO	TIPO	RESPONSABLE Y TELÉFONO

3.- MANEJO DE ALARMAS : Personas autorizadas para la conexión y desconexión del sistema.

_____

_____

4.- CIRCUITOS CERRADOS DE TELEVISION : Existencia, ubicación control, responsables.

UBICACIÓN CAMARAS	MONITOREO	RESPONSABLE

5.- MANTENIMIENTO DEL SISTEMA DE ALARMAS : Responsable y Periodicidad del mantenimiento, pruebas.

_____

_____

6.- FALSAS ALARMAS : Periodicidad de las falsas alarmas, motivo, reacción.

7.- PROCEDIMIENTOS Y REACCION EN LA ACTIVACION DEL SISTEMA DE ALARMAS

IX. SEGURIDAD FÍSICA

1.- GUARDAS DE SEGURIDAD

PUESTO	No G.S.	UBICACION	FUNCION PRINCIPAL

2.- SERVICIO DE RONDA / PISOS / SECTORES

CONCEPTO	PTO 1	PTO 2	PTO 3	PTO 4	PTO 5
No G.S.					
HORARIO					
DURACION					
RUTA					
CONTROLES					
REGISTRO					
PTOS. CRITICOS					

3.- DOCUMENTACION Y REGISTRO : Esta al día la documentación del Pto., libros de control, se llevan en orden y pulcritud, cumple sus objetivos, actas de elementos, registran las rondas.

4.- FUNCIONES Y CONSIGNAS : Están registradas, las conocen, las practican, existen ordenes adicionales y recomendaciones de seguridad.

5.- ENTRENAMIENTO: Capacitación del personal, entrenamiento, polígono

Guarda de Seguridad	Nivel Capacitación	Reentrenamiento	Polígono

6.- PROCEDIMIENTOS ESPECIALES : Conoce los procedimientos en caso de atentados, amenazas, hurtos, otras situaciones, existen planes

_____

_____

7.- PRESENTACION PERSONAL: Porte, aseo, limpieza, documentos

_____

_____

8.- INCIDENTES / ACCIDENTES / RIESGOS : Se tienen registros sobre incidentes, accidentes y riesgos de situaciones presentadas en el puesto, se ha tomado acción, son divulgados.

_____

_____

9.- RELACIÓN DE FUNCIONARIOS: Existen la relación de los nombres, cargos y teléfonos de los funcionarios de la empresa.

NOMBRE Y APELLIDOS	CARGO / DEPENDENCIA	TELEFONO

X. CONTROL DE PERSONAL

1.- SISTEMA DE CONTROL DE ENTRADA Y SALIDA: Carnet, fichos, escarapelas, libros, Procedimientos.
    EMPLEADOS   :

_____

_____

VISITANTES:

_____

_____

EMPLEADOS TEMPORALES :

_____

_____

CONTRATISTAS/MANTENIMIENTO:

_____

_____

RESIDENTES:

_____

_____

OTROS:

_____

_____

XI.- CONTROL INTERIOR

1.- CONTROL DE CORRESPONDENDIA Y ENCOMIENDAS:
Verificación del destinatario y remitente, mensajería, se lleva registro, se inspecciona, devoluciones.

_____

_____

2.- CONTROL DE BASURAS, DESPERDICIOS, CHATARAS :
Controles, revistas, salida de Elementos, personal autorizado.

_____

_____

3.- CONTROL DE VEHÍCULOS: Empresa, empleados, residentes, visitantes, particulares. Libros de control, ficheros, autorizaciones, entradas, salidas, inspecciones.

_____

_____

4.- CONTROL INTERNO DEL PERSONAL: (Emplean escarapela, ficho, etc.)

_____

_____

5.- CONTROL DEL PARQUEADERO : Tipo de control, libros, ficheros, iluminación.

_____

_____

6.- CONTROL DE PRODUCTOS : Cargue y descargue de mercancías, supervisión, facturación, autorización, libros.

_____

_____

7.- CONTROL DE CONDUCTORES : Existen áreas de permanencia de los conductores, vagan libremente.

_____

_____

8.- ENTREGA DE MERCANCIAS : Horarios de entrega, fuera de horario.

_____

_____

9.- MERCANCIAS FUERA DE BODEGA : Que tipo de control existe, vulnerabilidades.

_____

_____

XII. SEGURIDAD PERSONAL

1.- PERSONAL DE EMPLEADOS : Se hace proceso de selección e investigación, quien lo adelanta.

_____

_____

2.- PROCEDIMIENTOS PARA ASIGNACIÓN DE ELEMENTOS
: Documentos, maquinaria, llaves, credenciales.

ANALISIS Y RECOMENDACIONES

Aspectos de vulnerabilidad y fortalezas encontradas en el Estudio de Seguridad en cada uno de los puntos por evaluar, con sus correspondientes recomendaciones:
1.- INFORMACION EMPRESARIAL
2.- TERRENO CIRCUNDANTE
3.- CARACTERISTICAS DEL VECINDARIO
4.- PERÍMETRO
5.- INSTALACIONES
6.- ILUMINACION PROTECTIVA
7.- CONTROL DE PUERTAS/CERRADURAS Y LLAVES
8.- SISTEMAS DE ALARMAS
9.- SEGURIDAD FÍSICA
10.- CONTROL DE PERSONAL
11.- CONTROL INTERIOR
12.- SEGURIDAD PERSONAL

INFORMACION ADICIONAL AL RESPLADO

3
SEGURIDAD INFORMÁTICA

Definición

Se refiere a la práctica de proteger los sistemas de información, los datos y los recursos digitales contra amenazas y ataques que puedan comprometer su confidencialidad, integridad y disponibilidad. La seguridad informática, también conocida como seguridad de la información o seguridad cibernética. Es esencial en la era digital actual, ya que la información y los sistemas digitales desempeñan un papel crítico en la mayoría de las organizaciones y en la vida cotidiana.

Tipos de seguridad informática que debes conocer:

Existen diversos tipos de seguridad informática que una empresa debe vigilar para evitar pérdida de datos y prestigio. Se trata de uno de los temas más importantes en las organizaciones. Con tantas cosas ocurriendo en Internet, se vuelve extremadamente necesario asegurar el contenido de nuestra red y nuestras comunicaciones ante posibles problemas de pérdida o interceptación de datos.

La seguridad informática es la rama de la tecnología de la información que se ocupa de la protección de datos en una red, sus comunicaciones o una computadora independiente. Debido a que todas las organizaciones son dependientes de la informática, la tecnología relacionada con la seguridad requiere un desarrollo constante. Estos son tres diferentes tipos de seguridad informática.

Seguridad de Hardware

La seguridad de hardware se puede relacionar con un dispositivo que se utiliza para escanear un sistema o controlar el tráfico de red. Los ejemplos más comunes incluyen cortafuegos o firewalls de hardware y servidores proxy. Otros ejemplos menos comunes incluyen módulos de seguridad de hardware **(HSM),** los cuales suministran claves criptográficas para funciones críticas tales como el cifrado, descifrado y autenticación para varios sistemas. De entre los diferentes tipos de seguridad informática, son los sistemas de hardware los que pueden proporcionar una seguridad más robusta, además de que también pueden servir como capa adicional de seguridad para los sistemas importantes.

La seguridad de hardware también se refiere a cómo podemos proteger nuestros equipos físicos de cualquier daño. Para evaluar la seguridad de un dispositivo de hardware, es necesario tener en cuenta las vulnerabilidades existentes desde su fabricación, así como otras fuentes potenciales, tales como código que se ejecuta en dicho hardware y los dispositivos entrada y salida de datos que hay conectados en la red.

Seguridad de Software

La seguridad de software se utiliza para proteger el software contra ataques maliciosos de hackers y otros riesgos, de forma que nuestro software siga funcionando correctamente con este tipo de riesgos potenciales. Esta seguridad de software es necesaria para proporcionar integridad, autenticación y disponibilidad.

Entre los tipos de seguridad informática, este campo de la seguridad de software es relativamente nuevo. Los primeros libros y clases académicas sobre este tema aparecieron en 2001 al 2008; lo que demuestra que ha sido recientemente cuando desarrolladores, arquitectos de software y científicos informáticos han comenzado a estudiar sistemáticamente cómo construir software seguro.

Los defectos de software tienen diversas ramificaciones de seguridad, tales como errores de implementación, desbordamientos de buffer, defectos de diseño, mal manejo de errores, etc. Con demasiada frecuencia, intrusos maliciosos pueden introducirse en nuestros sistemas mediante la explotación de algunos de estos defectos de software.

Las aplicaciones que tienen salida a Internet presentan además un riesgo de seguridad más alto. Se trata del más común hoy en día. Los agujeros de seguridad en el software son habituales y el problema es cada vez mayor.

La seguridad de software aprovecha las mejores prácticas de la ingeniería de software e intenta hacer pensar en la seguridad desde el primer momento del ciclo de vida del software.

Seguridad de red

La seguridad de red se refiere a cualesquiera actividades diseñadas para proteger la red. En concreto, estas actividades protegen la facilidad de uso, fiabilidad, integridad y seguridad de su red y datos. La seguridad de red efectiva se dirige a una variedad de amenazas y la forma de impedir que entren o se difundan en una red de dispositivos.

Cuáles son las amenazas a la red: Muchas amenazas a la seguridad de la red hoy en día se propagan a través de Internet. Los más comunes incluyen:

Virus, gusanos y caballos de Troya

Software espía y publicitario

Ataques de día cero, también llamados ataques de hora cero

Ataques de hackers

Ataques de denegación de servicio

Intercepción o robo de datos

Robo de identidad

Hay que entender que no hay una solución única que protege de una variedad de amenazas.

Es necesario varios niveles de seguridad. Si uno falla, los demás siguen en pie.

Seguridad de la red se lleva a cabo a través de hardware y software. El software debe ser actualizado constantemente para lograr protegerse de amenazas emergentes.

Un sistema de seguridad de la red por lo general se compone de muchos componentes. Idealmente, todos los componentes trabajan juntos, lo que minimiza el mantenimiento y mejora la seguridad.

Aquí hay algunos conceptos y prácticas clave relacionados con la seguridad informática:

Confidencialidad: La confidencialidad se refiere a la protección de la información sensible para evitar que caiga en manos no autorizadas. Esto se logra mediante técnicas como el cifrado de datos y la gestión de acceso.

Integridad: La integridad se refiere a la garantía de que los datos y los sistemas no han sido alterados de manera no autorizada o accidental. Se utilizan mecanismos de detección de cambios no autorizados para mantener la integridad de los datos.

Disponibilidad: La disponibilidad se relaciona con garantizar que los sistemas y datos estén disponibles cuando se necesiten. Esto implica la prevención de interrupciones no planificadas, como ataques de denegación de servicio (DDoS).

Autorización: Determina quienes y qué acciones específicas están permitidas una vez que un usuario o dispositivo ha sido autenticado.

Autenticación: La autenticación verifica la identidad de los usuarios y dispositivos antes de otorgarles acceso a sistemas o datos.

Firewalls: Los firewalls son software que se utilizan para controlar el tráfico de red y proteger una red o sistema contra amenazas externas. Pueden bloquear o permitir ciertos tipos de tráfico según las reglas configuradas.

Antivirus: Programa cuya finalidad es prevenir los virus informáticos, así como curar los ya existentes en un sistema. Estos programas deben actualizarse periódicamente.

Antimalware: El software antimalware se utiliza para detectar y eliminar software malicioso, como virus, gusanos y troyanos, que pueden infectar sistemas y robar datos.

Actualizaciones: Mantener el software y los sistemas actualizados es fundamental para cerrar vulnerabilidades conocidas que los atacantes podrían aprovechar.

Parches: Son fragmentos de código que actualizan programas o sistemas operativos. El objetivo de un parche es corregir los errores del software para minimizar las vulnerabilidades existentes y evitar su explotación. Los parches también pueden aplicarse para corregir la funcionalidad de un programa o sistema.

Se deben aplicar regularmente parches y actualizaciones de seguridad.

Educación: Los usuarios juegan un papel importante en la seguridad informática. La capacitación y la concienciación sobre las mejores prácticas de seguridad pueden ayudar a prevenir ataques basados en ingeniería social y errores humanos.

Todo servidor o funcionario nuevo deberá contar con la inducción sobre las Políticas y Estándares de Seguridad Informática, según sea el área operativa y en función de las actividades que se desarrollan; de la misma forma las sanciones en que pueden incurrir en caso de incumplimiento.

Gestión de incidentes de seguridad informática: Las organizaciones deben tener planes y procedimientos administrativos en su lugar para detectar, responder y recuperarse de incidentes de seguridad, como intrusiones o brechas de datos.

Cifrado: El cifrado en ciberseguridad es la conversión de datos de un formato legible a un formato codificado. Los datos cifrados solo se pueden leer o procesar luego de descifrarlos. El cifrado es la base principal de la seguridad de datos.

El cifrado se utiliza para proteger la confidencialidad de los datos al convertirlos en un formato ilegible sin la clave de cifrado correspondiente.

Evaluación de vulnerabilidades: Las organizaciones realizan evaluaciones de vulnerabilidades para identificar debilidades en sus sistemas.

Pruebas de penetración: Para evaluar la seguridad general y la capacidad de resistir ataques.

Cumplimiento de normas legales e industriales: En muchas industrias, existen regulaciones específicas relacionadas con la seguridad informática que las organizaciones deben cumplir. Ejemplos incluyen el Reglamento General de Protección de Datos (RGPD) en Europa y la Ley de Prácticas Justas de Información Crediticia (FCRA) en los Estados Unidos.

Políticas y estándares: Las políticas y estándares de seguridad informática tienen por objeto establecer medidas y patrones técnicos de administración y organización de las Tecnologías de Información

(TI) de todo el personal comprometido en el uso de los servicios informáticos proporcionados por el Área de TI en cuanto a la mejora y al cumplimiento de los objetivos institucionales.

También se convierte en una herramienta de difusión sobre las políticas y estándares de seguridad informática a todo el personal. Facilitando una mayor integridad confidencialidad y confiabilidad de la información generada por el Área de TI al personal, al manejo de los datos, al uso de los bienes informáticos disponibles, minimizando los riesgos en el uso de las tecnologías de información.

Protección de la información y de los bienes informáticos: El cableado de red, se instalará físicamente separado de cualquier otro tipo de cables, llámese a estos de corriente o energía eléctrica, para evitar interferencias.

Los servidores, sin importar al dominio o grupo de trabajo al que estos pertenezcan, con problemas de hardware, deberán ser reparados localmente, de no cumplirse lo anterior, deberán ser retirados sus medios de almacenamiento.

Los equipos o activos críticos de información y proceso, deberán ubicarse en áreas aisladas y seguras, protegidas con un nivel de seguridad verificable y manejable por el administrador y las personas responsables de TI.

El usuario o funcionario deberán reportar de forma inmediata al proceso de TI (tecnologías de la información) cuando se detecte riesgo alguno real o potencial equipos de cómputo o de comunicaciones, tales como caídas de agua, choques eléctricos, caídas o golpes o peligro de incendio.

El usuario o funcionario tienen la obligación de proteger las unidades de almacenamiento que se encuentren bajo su responsabilidad, aun cuando no se utilicen y contengan información confidencial o importante.

Mantenimiento de equipos: Únicamente el personal autorizado por el Área de TI podrá llevar a cabo el mantenimiento preventivo y correctivo de los equipos informáticos.

Los usuarios deberán asegurarse de respaldar en copias o backups la información que consideren relevante cuando el equipo sea enviado a reparación y borrar aquella información sensible que se encuentre en él equipo, previendo así la pérdida involuntaria de información, derivada del proceso de reparación.

Cualquier falla efectuada en las aplicaciones o sistema, por la manipulación errónea de archivos, posterior mantenimiento deberá ser notificada y reparada por el personal técnico encargado en dicha función.

Pérdida de Equipo: El servidor o funcionario que tengan bajo su responsabilidad o asignados algún equipo de cómputo, será responsable de su uso y custodia; en consecuencia, responderá por dicho bien de acuerdo a la normatividad vigente en los casos de robo, extravío o pérdida del mismo.

El servidor o funcionario deberá de informar de inmediato al proceso de TI y almacén la Desaparición, robo o extravío de equipos de cómputo, periféricos o accesorios bajo su responsabilidad.

La seguridad informática es un campo en constante evolución debido a la aparición continua de nuevas amenazas y vulnerabilidades. Las organizaciones deben adoptar un enfoque proactivo para proteger sus activos digitales y estar preparadas para adaptarse a las cambiantes condiciones del panorama de seguridad cibernética.

Consecuencias por la falta de seguridad informática

En los sistemas modernos se trabaja deliberadamente con dispersión y redundancia, por ejemplo, en los sistemas **RAID**. En suma, la dispersión es una amenaza solo cuando está asociada a otros problemas como la inconsistencia o fallas de seguridad en las estaciones de trabajo.

Consecuencias de una mala seguridad informática:

Los riesgos varían según la naturaleza de la organización, aunque los más usuales son los que a continuación se indican:

1-Información dispersa: con el creciente uso de PC, la información tiende a almacenarse en los discos duros locales de cada estación de trabajo creando a veces problemas de redundancia e inconsistencia: estos consisten en que una misma información que debiera tener el mismo valor, está almacenada en dos o más lugares con diferentes valores. Esta dispersión, aunque impide un control centralizado de la información como en los sistemas antiguos ha mostrado también beneficios respecto a la seguridad. En los sistemas modernos se trabaja deliberadamente con dispersión y redundancia, por ejemplo, en los sistemas RAID. En suma, la dispersión es una amenaza solo cuando está asociada a otros problemas como la inconsistencia o fallas de seguridad en las estaciones de trabajo.

2-Robos y copias no autorizadas: adulteración, revelación de secretos, sabotaje, vandalismo, etc. Estas amenazas se combaten con dos clases de política restricción de acceso y asignación estricta de responsabilidades

3-Pérdidas de información por efecto de virus o monitoreo remoto con troyanos.

4-Fallas técnicas del disco, cortes de suministro eléctrico, transigentes de energía, operación inadecuada, recalentamiento, desastres naturales, incendios, inundaciones, etc. Para estas amenazas se usan las políticas usuales de seguridad industrial.

CAUSAS DE LA MALA SEGURIDAD INFORMÁTICA

Generalmente, la inseguridad se puede dividir en dos categorías:

1-Un estado de inseguridad activo: es decir, la falta de conocimiento del usuario acerca de las funciones del sistema, algunas de las cuales pueden ser dañinas para el sistema (por ejemplo, no desactivar los servicios de red que el usuario no necesita).

2-Un estado de inseguridad pasivo: es decir, la falta de conocimiento de las medidas de seguridad disponibles, por ejemplo, cuando el administrador o usuario de un sistema no conocen los dispositivos de seguridad con los que cuentan.

CONSECUENCIAS NEGATIVAS DEL USO DE LA INFORMÁTICA TENEMOS:

A-Personas que no utilizan el computador con los fines anteriormente expresados sino para dañar otros sistemas informados, denominándose o no así mismo como crackers

B-Uso de las tecnologías de la información para invadir información privada

C-Uso de la tecnología de la información para cometer fraudes tanto reales como electrónicos

D-Usos prolongados e improductivos de los sistemas informáticos.

Investigar un tema como el que se presenta pudiera parecer ante los ojos de los expertos en informática una tarea muy insignificante, dada la aceleración de información que tenemos a la mano en sobre la temática en estos tiempos. Sin embargo, esta investigación no va dirigida a ellos, los especialistas, más bien va dirigida a los que sin serlos están incursionando o están próximos a incursionar en el mundo complejo y multifacético de la Informática

El interés fundamental es introducir a los compañeros novicios, la más posible información que puedan recopilar del mundo del Hacking o los mal llamados piratas de la informática, que ya no tienen un parche en su ojo ni un garfio en reemplazo de la mano. Tampoco existen los barcos ni los tesoros escondidos debajo del mar.

Llegando a la última década, los piratas se presentan con un cerebro desarrollado, curioso y con muy pocas armas: una simple computadora y una línea telefónica. Hackers. Una palabra que aún no se encuentra en los diccionarios pero que ya suena en todas las personas que alguna vez se interesaron por la informática o leyeron algún diario. He allí el interés de este tema; Por qué los Computadores domésticos son vulnerables a los ataques de hackers.

En la actualidad la gran mayoría de la población que posee un computador personal y tiene conexión a Internet, corre el gran riesgo de ser atacado por el mayor problema Informático:

LOS HACKERS:

Los conocimientos que se pueden adquirir sobre los ataques de hackers son importantes, para la seguridad de su equipo y más aún la de su información.

De acuerdo a estas ideas, la presente investigación va a estar centrada en analizar y diagnosticar los recursos que pueda aplicar el usuario al computador para poder evitar el acceso de visitantes indeseados.

4
INGENIERÍA SOCIAL

Definición

Se llama ingeniería social a las diferentes técnicas de manipulación que usan los ciberdelincuentes para obtener información confidencial de los usuarios.

Los ciberdelincuentes engañan a sus víctimas haciéndose pasar por otra persona. Por ejemplo, se hacen pasar por familiares, personas de soporte técnico, compañeros de trabajo o personas de confianza. El objetivo de este engaño es apropiarse de datos personales, contraseñas o suplantar la identidad de la persona engañada.

El eslabón más débil en las estrategias de ciberseguridad siempre somos los seres humanos, y la ingeniería social se aprovecha de la incapacidad de un usuario objetivo de detectar un ataque. En una amenaza de ingeniería social, un atacante se sirve de una emoción humana (que suele ser el miedo y/o la sensación de urgencia) para convencer al usuario objetivo de que realice una cierta acción, como enviarle dinero al atacante, divulgar información delicada del cliente o revelar credenciales de autenticación.

La ingeniería social es una técnica que utiliza la manipulación psicológica para obtener información confidencial o realizar acciones no autorizadas. Se centra en engañar a las personas, aprovechando la confianza o la falta de atención. Es importante estar alerta y consciente de posibles intentos de ingeniería social para proteger la seguridad personal y de la información.

La ingeniería social es un conjunto de técnicas que usan los cibercriminales para engañar a los usuarios incautos para que les envíen datos confidenciales, infecten sus computadoras con malware o abran enlaces a sitios infectados. Además, los hackers pueden tratar de aprovecharse de la falta de conocimiento de un usuario; debido a la velocidad a la que avanza la tecnología, numerosos consumidores y trabajadores no son conscientes del valor real de los datos personales y no saben con certeza cuál es la mejor manera de proteger esta información.

Cómo funciona la ingeniería social y cómo protegerte

Casi todos los tipos de ataques conllevan algún tipo de ingeniería social. Por ejemplo, están los clásicos correos electrónicos de "phishing" y estafas de virus, con un gran contenido social. Los correos electrónicos de phishing intentan convencer a los usuarios de que su origen es legítimo con la esperanza de que obtener información personal o datos de la empresa, por insignificante que parezcan. Por otra parte, los correos que contienen archivos adjuntos con virus a menudo aparentan provenir de contactos confiables u ofrecen contenido multimedia que parece inofensivo, como videos "divertidos" o "tiernos".

En algunos casos, los atacantes utilizan métodos más simples de ingeniería social para acceder a una red o computadora. Por ejemplo, un hacker puede frecuentar el comedor público de un gran edificio de oficinas, buscar usuarios que estén trabajando en sus tablets o computadoras portátiles y mirar los dispositivos por encima de su hombro. Con esta táctica pueden conseguir una gran cantidad de contraseñas y nombres de usuario, todo sin necesidad de ni enviar un solo correo electrónico de ni escribir una línea de código de virus. Otros ataques requieren una comunicación real entre el atacante y la víctima; en estos casos, el atacante presiona al usuario para que le otorgue acceso a la red con el pretexto de un problema grave que es necesario resolver de inmediato. Los atacantes utilizan en igual medida la rabia, la culpa y la tristeza para convencer a los usuarios de que necesitan su ayuda y no pueden negársela. Para terminar, es importante prestar atención a la ingeniería social como un medio para crear confusión. Numerosos trabajadores y consumidores no se dan cuenta de que, con solo un poco de información (como el nombre, la fecha de nacimiento o la dirección), los hackers pueden acceder a múltiples redes haciéndose pasar por usuarios legítimos o miembros del personal de TI. Después de lograrlo, les resulta fácil restablecer contraseñas y obtener acceso prácticamente ilimitado.

La protección contra la ingeniería social comienza con la educación; los usuarios necesitan aprender que no deben hacer nunca clic en enlaces sospechosos y siempre deben proteger sus credenciales de inicio de sesión, incluso en la oficina y en el hogar. Sin embargo, si las tácticas sociales logran su objetivo, el resultado probable es una infección por malware. Para combatir los rootkits, troyanos y otros bots, es fundamental implementar una solución de seguridad de Internet de alta calidad que sea capaz de eliminar infecciones y rastrear su origen.

Características de un ataque de ingeniería social

Las líneas entre la ingeniería social y el phishing son difusas, porque ambos suelen ir de la mano en un ataque sofisticado. La ingeniería social suele implicar el hacerse pasar por un empleado real, por ejemplo, el director general (CEO) o el director de finanzas (CFO), o engañar a un empleado para que piense que el atacante es un cliente legítimo y así le suministre al atacante información delicada o elementos que permitan cambiar la cuenta (por ejemplo, cambio de SIM).

Sin importar cuáles sean los objetivos del atacante, existen algunas señales claras de que una comunicación es ingeniería social. Uno de los componentes clave en la ingeniería social es aprovecharse de los miedos y emociones del usuario objetivo. El atacante no quiere que el usuario objetivo analice y medite sobre la solicitud, así que la ingeniería social conlleva el uso del miedo y de una sensación de urgencia.

Algunas características comunes en todos los ataques de ingeniería social son:

- **Intensificación de las emociones:** Un atacante amenaza con la pérdida de una cuenta para engañar a los usuarios y lograr que divulguen sus credenciales, o el atacante simula ser un ejecutivo que le exige al usuario objetivo que envíe dinero para infundir una sensación de urgencia en un empleado que teme perder su empleo.

- **Dirección de remitente falsificada:** La mayoría de los usuarios no están conscientes de que es posible falsificar una dirección de correo electrónico de remitente, pero una adecuada seguridad para correo electrónico puede evitar que los remitentes falsificados puedan acceder a la bandeja de entrada de un usuario objetivo. En lugar de eso, un atacante registra un dominio similar al oficial y espera que un usuario objetivo no se dé cuenta del error ortográfico.

- **Solicitudes de amistad extrañas:** Es común que un atacante vulnere una cuenta de correo electrónico y envíe mensajes no deseados a la lista de contactos de la víctima. Los mensajes suelen ser cortos y no tener el toque personal de los amigos, así que sea precavido a la hora de hacer clic en enlaces de amigos si el mensaje no suena como una comunicación personalizada.

- **Enlaces a páginas web poco profesionales:** Los enlaces de phishing se usan a veces con la ingeniería social para lograr que los usuarios divulguen información delicada.

Nunca introduzca credenciales en una página web directamente desde un vínculo de correo electrónico, incluso si parece provenir de una página oficial (por ejemplo, de PayPal).

- **Demasiado bueno para ser cierto:** Los estafadores suelen prometer dinero a cambio de una compensación monetaria. Por ejemplo, un usuario objetivo podría obtener un iPhone gratis a cambio del pago de los costes de envío. Si la oferta es demasiado buena como para ser cierta, seguramente sea una estafa.

- **Archivos adjuntos malintencionados:** En lugar de engañar a los usuarios seleccionados para que divulguen información privada, un ataque sofisticado podría basarse en instalar malware en un equipo empresarial usando archivos adjuntos de correo electrónico. Nunca ejecute en su equipo macros o archivos ejecutables provenientes de un mensaje de correo electrónico aparentemente inofensivo.

- **Negativa a responder preguntas:** Si un mensaje luce sospechoso, responda al mensaje y pídale al remitente que se identifique. El atacante evitará identificarse y podría simplemente ignorar la solicitud.

Los ciberdelincuentes manipulan y engañan a las personas a través de:

- llamadas telefónicas

- visitas personales al domicilio de las personas

- aplicaciones de mensajería instantánea

- correos electrónicos

- redes sociales

¿Qué métodos pueden utilizar los ciberdelincuentes para cometer sus ataques?

- Hacerse pasar por un familiar, un conocido o un compañero de trabajo.

- Ofrecer a la víctima premios o promociones únicas y limitadas a cambio de sus datos.

- Hacerse pasar por el técnico de la empresa o por la persona responsable de sistemas.

- Invitar a completar formularios para ganar un premio o un producto.

- Ofrecer actualizaciones de navegadores o aplicaciones a través de páginas falsas.

¿Cuáles son las técnicas de ingeniería social más difundidas?

Existen diferentes tipos de técnicas de ingeniería social:

- *Vishing:* obtienen información a través de una llamada telefónica. El ciberdelincuente se hace pasar por un familiar, personal de una empresa o de soporte técnico.

- *Phishing:* envían correos electrónicos falsos para obtener información de la víctima. Por ejemplo, pueden solicitar datos personales, de tarjetas de crédito, de la obra social, de actualización laboral, contraseñas de sistemas, etc.

- **Dispositivos maliciosos:** dejan colocado un pendrive con contenido malicioso en una computadora pública y este dispositivo obtiene información de la persona que la utiliza.

- ***Spear phishing:*** envían un correo electrónico falso a alguien que tiene, por ejemplo, un determinado cargo o maneja información sensible en una empresa. Los delincuentes conocen a la persona e intentan robarle datos.

- Concursos falsos: informan a la persona que ha ganado un premio para obtener información personal.

- ***Farming:*** realizan varias comunicaciones con las víctimas hasta conseguir la mayor cantidad de información posible.

- **Robo de cuentas de correos electrónicos:** roban cuentas reales para cometer ilícitos entre los contactos de la víctima, enviar *software* malicioso o para obtener información personal.

¿Existe alguna herramienta informática para protegernos de la ingeniería social?

No, los ataques de ingeniería social son muy difíciles de identificar. Los ciberdelincuentes usan diferentes técnicas psicológicas y sociales, distintos tipos de dispositivos y plataformas para engañar a las personas.

¿Cómo podemos protegernos de la ingeniería social?

No entregues datos personales a personas extrañas por teléfono, correos electrónicos o redes sociales.

- Configurá la privacidad en las redes sociales para que no queden expuestos tus datos personales.

- Informate y aprendé sobre este tipo de amenazas.

- Usá una contraseña segura.

- Configurá la autenticación en dos pasos para estar alerta de accesos indebidos a tus cuentas.

- Prestá atención a cualquier persona que te pida información personal.

Técnicas de implementación de exploits de vulnerabilidades y malware

Los cibercriminales explotan a menudo cualquier vulnerabilidad que existe dentro del sistema operativo o el software de aplicaciones que se está ejecutando en la computadora de la víctima, de manera que un gusano de red o virus troyano pueda ingresar en el equipo de la víctima y ejecutarse.

¿Qué es una vulnerabilidad?

Una vulnerabilidad es en realidad un error en el código o la lógica de operación del sistema operativo o del software de aplicaciones. Como los sistemas operativos y las aplicaciones de hoy en día son muy complejos e incluyen una gran cantidad de funciones, es difícil que el equipo de desarrollo de un proveedor cree software que no contenga ningún error.

Lamentablemente, no faltan creadores de virus y cibercriminales listos para dedicar esfuerzos considerables a investigar cómo aprovechar cualquier vulnerabilidad antes de que sea solucionada por el proveedor que publica el parche de software.

Entre las vulnerabilidades típicas se incluyen:

- **Vulnerabilidades de aplicaciones**
- Los gusanos de correo Nimda y Aliz explotaron las vulnerabilidades de Outlook de Microsoft. Cuando la víctima abría un mensaje infectado (o incluso colocaba el cursor sobre el mensaje en la ventana de vista previa), el archivo del gusano se ejecutaba.

- Vulnerabilidades del sistema operative
- CodeRed, Sasser, Slammer y Lovesan (Blaster) son ejemplos de gusanos que aprovechaban las vulnerabilidades de Windows, mientras que gusanos Ramen y Slapper penetraban en las computadoras a través de las vulnerabilidades de Linux y algunas aplicaciones de esta plataforma.

Cómo explotar las vulnerabilidades del navegador de Internet Recientemente, la distribución de código malicioso a través de páginas web se ha convertido en una de las técnicas de implementación de malware más populares. Se introducen un archivo infectado y un programa de script (que aprovechan la vulnerabilidad del navegador) en una página web. Cuando un usuario visita la página, el programa de script descarga el archivo infectado en la computadora del usuario a través de la vulnerabilidad del navegador y luego ejecuta el archivo. Con el objetivo de infectar la mayor cantidad posible de máquinas, el creador de malware usa varios métodos para atraer víctimas a la página web, entre ellos:

- Enviar mensajes de spam que contengan la dirección de la página infectada.

- Enviar mensajes a través de sistemas de mensajería instantánea.

- A través de motores de búsqueda, que procesan el texto ingresado en una página infectada y luego el enlace a la página se incluye en las listas de resultados de búsqueda.

Los cibercriminales también usan troyanos pequeños diseñados para descargar y ejecutar virus troyanos más grandes. El pequeño virus troyano ingresa en la computadora del usuario (por ejemplo, a través de una vulnerabilidad) y luego descarga e instala otros componentes maliciosos desde Internet. Muchos de los troyanos cambiarán la configuración del navegador (a la opción menos segura) para facilitar la descarga de otros troyanos.

Los desarrolladores de software y los proveedores de antivirus responden al desafío

Lamentablemente, el período que media entre la aparición de una nueva vulnerabilidad y el inicio de su explotación por parte de gusanos y troyanos tiende a ser cada vez más corto. Esto plantea desafíos tanto para los proveedores de software como para las empresas antivirus:

- Los proveedores de sistemas operativos y aplicaciones tienen que rectificar su error de inmediato, para lo cual necesitan desarrollar un parche de software, probarlo y distribuirlo entre los usuarios.

- Los proveedores de antivirus deben trabajar con rapidez para lanzar una solución capaz de detectar y bloquear los archivos, los paquetes de red o cualquier otro elemento usado para aprovechar la vulnerabilidad.

5
CIBERSEGURIDAD

Definición

La ciberseguridad es la práctica sistemática, progresiva de proteger redes, programas y sistemas de ataques digitales. Por lo general, estos ciberataques apuntan a acceder, modificar o destruir la información confidencial; Extorsionar a los usuarios o los usuarios o interrumpir la continuidad del negocio.

Actualmente, la implementación de medidas de seguridad digital se debe a que hay más dispositivos conectados que personas, y los atacantes son cada vez más creativos.

RIESGO DE SEGURIDAD INFORMÁTICA

Es en el sentido extenso de la palabra cualquier cosa en su computadora que pueda dañar o robar sus datos o permitir que otra persona acceda a su computadora, sin su conocimiento o consentimiento. Hay muchas cosas diferentes que pueden crear un riesgo para la computadora, incluido el malware , un término general que se usa para describir muchos tipos de software malo. Comúnmente pensamos en virus informáticos, pero existen varios tipos de software defectuoso que pueden crear un riesgo para la seguridad informática, incluidos virus, gusanos, ransomware, spyware y troyanos. La configuración incorrecta de los productos informáticos, así como los hábitos informáticos inseguros, también presentan riesgos. Veamos estos con más detalle.

Para empezar debes saber que los **riesgos informáticos** son aquellas amenazas o vulnerabilidades a las cuales está expuesta la información almacenada en un computador o un dispositivo con la capacidad de almacenar información.

Las empresas y los establecimientos comerciales son las víctimas más frecuentes del robo de la información, que puede traducirse en graves delitos como la suplantación de identidad, desfalcos y hurtos al bien, ya que los **riesgos informáticos** a los cuales están expuestos este tipo de establecimientos es mucho más elevado que los hogares y los dispositivos tecnológicos que allí se encuentran.

Existen varios tipos de **riesgos informáticos** a los cuales puede estar expuesta tu compañía o tu negocio:

• **Relación:** Por personas.

• **Acceso:** Claves de seguridad débiles.

• **Utilidad:** Mal uso de la tecnología.

• **Infraestructura:** Hurtos de activos como aparatos tecnológicos.

• **Seguridad integral:** Sistemas de seguridad privada y CCTV (Circuitos cerrados de televisión.

Todos estos riesgos se miden en función a la relación y la optimización del funcionamiento de las computadores y los sistemas de computación al interior de la compañía, también de la construcción de los circuitos cerrados de televisión (CCTV) y los parámetros de seguridad que se implementan al interior de la compañía.

Elementos de seguridad

Figura - Elementos principales de seguridad que pueden ser vulnerados

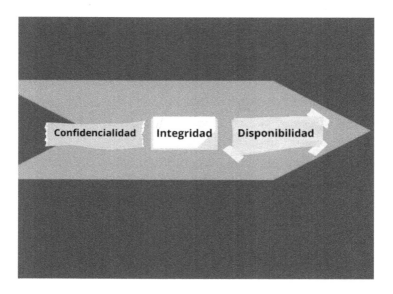

Fuente: Elaboración propia

Confidencialidad: Evitar que la información pueda ser conocida o leída por personas no autorizadas.

1) **Disponibilidad:** Garantizar que la información y/o los componentes del sistema se encuentran accesibles en el momento en que una persona, proceso o aplicación los requiera.

2) **Integridad:** garantizar que la información no sea modificada.

Confidencialidad: Evitar que la información pueda ser conocida o leída por personas no autorizadas.

3) **Disponibilidad:** Garantizar que la información y/o los componentes del sistema se encuentran accesibles en el momento en que una persona, proceso o aplicación los requiera.

4) **Integridad:** garantizar que la información no sea modificada.

VULNERABILIDAD
Una vulnerabilidad en ciberseguridad es una falla en la seuguridad informática que pone en peligro al sistema. Es decir, que se trata de un bug que puede usar un atacante con fines maliciosos.
Punto físico, aspecto personal o comportamiento suficientemente débil que permite ser aprovechado por otros individuos, que puede ser herido o dañado. Que se puede quebrantar o perjudicar.

AMENAZA

Riesgo enfocado a una vulnerabilidad. Es la insinuación o información de que se va a hacer un daño

Suscitar pánico o miedo, por medio de escritos, llamadas telefónicos u otros medios.

AMENAZAS INFORMÁTICAS

Se entiende como amenaza informática toda aquella acción que aprovecha una vulnerabilidad para atacar o invadir un sistema informático. Las amenazas informáticas para las empresas provienen en gran medida de ataques externos, aunque también existen amenazas internas (como robo de información o uso inadecuado de los sistemas).

Tipos de amenaza:

Existen infinidad de modos de clasificar un ataque y cada ataque puede recibir más de una clasificación. Por ejemplo, un caso de phishing puede llegar a robar la contraseña de un usuario de una red social y con ella realizar una suplantación de la identidad para un posterior acoso, o el robo de la contraseña puede usarse simplemente para cambiar la foto del perfil y dejarlo todo en una broma sin que deje de ser delito en ambos casos, al menos en países con legislación para el caso, Amenazas por el origen.

El hecho de conectar una red a un entorno externo nos da la posibilidad de que algún atacante pueda entrar en ella y hurtar información o alterar el funcionamiento de la red. Sin embargo, el hecho de que la red no esté conectada a un entorno externo, como Internet, no nos garantiza la seguridad de la misma.

Aproximadamente entre el **60%** y **80%** de los incidentes en la red son causados desde adentro de la misma. Basado en el origen del ataque podemos decir que existen dos tipos de amenazas:

1-Amenazas internas: generalmente estas amenazas pueden ser más serias que las externas, por varias razones como:

a-Si es por usuarios o personal técnico, conocen la red y saben cómo es su funcionamiento, ubicación de la información, datos de interés, etc. Además, tienen algún nivel de acceso a la red por las mismas necesidades de su trabajo, lo que les permite mínimos movimientos.

b-Los sistemas de prevención de intrusos o IPS, y firewalls son mecanismos no efectivos en amenazas internas por no estar, habitualmente, orientados al tráfico interno. Que el ataque sea interno no tiene que ser exclusivamente por personas ajenas a la red, podría ser por vulnerabilidades que permiten acceder a la red directamente: rosetas accesibles, redes inalámbricas desprotegidas, equipos sin vigilancia, etc.

2-Amenazas externas: Son aquellas amenazas que se originan fuera de la red. Al no tener información certera de la red, un atacante tiene que realizar ciertos pasos para poder conocer qué es lo que hay en ella y buscar la manera de atacarla. La ventaja que se tiene en este caso es que el administrador de la red puede prevenir una buena parte de los ataques externos. Amenazas por el efecto

El tipo de amenazas según el efecto que causan a quien recibe los ataques podría clasificarse en:

a-Robo de información.

b-Destrucción de información.

c-Anulación del funcionamiento de los sistemas o efectos que tiendan a ello.

d-Suplantación de la identidad, publicidad de datos personales o confidenciales, cambio de información, venta de datos personales, etc.

e-Robo de dinero, estafas, Amenazas por el medio utilizado

Se pueden clasificar por el modus operandi del atacante, si bien el efecto puede ser distinto para un mismo tipo de ataque:

¿Qué es malware?

Es un código malicioso diseñado para infiltrarse en tu dispositivo cuando lo instalas o descargas, aunque no necesariamente te das cuenta[3]. Cuando hay uno en tu computadora, teléfono o tableta, puede:

- Acceder a toda tu información, incluyendo ubicación en tiempo real y lista de contactos.

- Acceder a tus fotos y archivos y publicarlos en internet o en páginas maliciosas y tu ni en cuenta

- Hackearte contraseñas, email, redes sociales y demás.

Hay algunas prácticas que hacen que sea más sencillo que tu dispositivo adquiera un malware, a veces son acciones tan cotidianas que no nos damos cuenta de que pueden ser riesgosas.

Por ejemplo, en la encuesta, solo el 34% declaró NO descargar aplicaciones, películas, videojuegos y demás, en sitios "pirata", 7% nunca actualiza sus apps o el sistema operativo del dispositivo y 27% se conectan seguido a redes públicas de WiFi.

Amenazas de Malware

Los programas maliciosos son una de las mayores ciberamenazas a la que se exponen las empresas. Dentro del malware existen distintos tipos de amenazas, siendo las principales.

Virus.

Los virus informáticos son un software que se instalan en un dispositivo con el objetivo de ocasionar problemas en su funcionamiento. Para que un virus infecte un sistema es necesaria la intervención de un usuario (intencionada o inintencionadamente).

Gusanos

Es uno de los malware más comunes que infectan los equipos y sistemas de una empresa, ya que no requieren de la intervención del usuario ni de la modificación de algún archivo para poder infectar un equipo. El objetivo de los gusanos es el de replicarse e infectar el mayor número de dispositivos posibles utilizando la red para ello. Son una amenaza para las redes empresariales, porque un solo equipo infectado puede hacer que la red entera se vea afectada en un espacio corto de tiempo.

Troyanos

Son programas que se instalan en un equipo y pasan desapercibidos para el usuario. Su objetivo es el de ir abriendo puertas para que otro tipo de software malicioso se instale.

Ransomware.

Consiste en encriptar toda la información de la empresa, impidiendo el acceso a los datos y los sistemas y se pide un rescate para poder liberar la información (normalmente en criptomonedas como bitcoins).

Keyloggers.

Se instalan a través de troyanos y se encargan de robar datos de acceso a plataformas web, sitios bancarios y similares.

Seguridad de Software

La seguridad de software se utiliza para proteger el software contra ataques maliciosos de hackers y otros riesgos, de forma que nuestro software siga funcionando correctamente con este tipo de riesgos potenciales. Esta seguridad de software es necesaria para proporcionar integridad, autenticación y disponibilidad.

Entre los tipos de seguridad informática, este campo de la seguridad de software es relativamente nuevo. Los primeros libros y clases académicas sobre este tema aparecieron en 2001 al 2008; lo que demuestra que ha sido recientemente cuando desarrolladores, arquitectos de software y científicos informáticos han comenzado a estudiar sistemáticamente cómo construir software seguro.

Los defectos de software tienen diversas ramificaciones de seguridad, tales como errores de implementación, desbordamientos de buffer, defectos de diseño, mal manejo de errores, etc. Con demasiada frecuencia, intrusos maliciosos pueden introducirse en nuestros sistemas mediante la explotación de algunos de estos defectos de software.

Las aplicaciones que tienen salida a Internet presentan además un riesgo de seguridad más alto. Se trata del más común hoy en día. Los agujeros de seguridad en el software son habituales y el problema es cada vez mayor.

La seguridad de software aprovecha las mejores prácticas de la ingeniería de software e intenta hacer pensar en la seguridad desde el primer momento del ciclo de vida del software.

Seguridad de red

La seguridad de red se refiere a cualesquiera actividades diseñadas para proteger la red. En concreto, estas actividades protegen la facilidad de uso, fiabilidad, integridad y seguridad de su red y datos. La seguridad de red efectiva se dirige a una variedad de amenazas y la forma de impedir que entren o se difundan en una red de dispositivos.

Cuáles son las amenazas a la red: Muchas amenazas a la seguridad de la red hoy en día se propagan a través de Internet.

Los más comunes incluyen:

- Virus, gusanos y caballos de Troya
- Software espía y publicitario
- Ataques de día cero, también llamados ataques de hora cero
- Ataques de hackers

- Ataques de denegación de servicio
- Intercepción o robo de datos
- Robo de identidad

Hay que entender que no hay una solución única que protege de una variedad de amenazas.

Es necesario varios niveles de seguridad. Si uno falla, los demás siguen en pie.

Seguridad de la red se lleva a cabo a través de hardware y software. El software debe ser actualizado constantemente para lograr protegerse de amenazas emergentes.

Un sistema de seguridad de la red por lo general se compone de muchos componentes. Idealmente, todos los componentes trabajan juntos, lo que minimiza el mantenimiento y mejora la seguridad.

Los componentes de seguridad de red incluyen:

- Antivirus y antispyware
- Cortafuegos, para bloquear el acceso no autorizado a su red
- Sistemas de prevención de intrusiones (IPS), para identificar las amenazas de rápida propagación, como el día cero o cero horas ataques
- Redes privadas virtuales (VPN), para proporcionar acceso remoto seguro

Hardware Y Software:

Desde el punto de vista de soluciones tecnológicas, una arquitectura de seguridad lógica puede conformarse dependiendo de los niveles de seguridad por: software antivirus, herramientas de respaldo, de monitoreo de la infraestructura de red y enlaces de telecomunicaciones, firewalls, soluciones de autenticación y servicios de seguridad en línea; que informen al usuario sobre los virus más peligrosos y, a través de Internet, enviar la vacuna a todos los nodos de la red empresarial, por mencionar un ejemplo.

No sólo las amenazas que surgen de la programación y el funcionamiento de un dispositivo de almacenamiento, transmisión o proceso deben ser consideradas, también hay otras circunstancias no informáticas que deben ser tomadas en cuenta. Muchas son a menudo imprevisibles o inevitables, de modo que las únicas protecciones posibles son las redundancias y la descentralización, por ejemplo, mediante determinadas estructuras de redes en el caso de las comunicaciones o servidores en clúster para la disponibilidad.

Las amenazas pueden ser causadas por:
Usuarios

Causa del mayor problema ligado a la seguridad de un sistema informático. En algunos casos sus acciones causan problemas de seguridad, si bien en la mayoría de los casos es porque tienen permisos sobredimensionados, no se les han restringido acciones innecesarias, etc.

Programas maliciosos

Programas destinados a perjudicar o a hacer un uso ilícito de los recursos del sistema. Es instalado en el ordenador, abriendo una puerta a intrusos o bien modificando los datos. Estos programas pueden ser un virus informático un gusano informático, un troyano, una bomba lógica, un programa espía o spyware, en general conocidos como malware.

Errores de programación

La mayoría de los errores de programación que se pueden considerar como una amenaza informática es por su condición de poder ser usados como exploits por los crackers, aunque se dan casos donde el mal desarrollo es, en sí mismo, una amenaza. La actualización de parches de los sistemas operativos y aplicaciones permite evitar este tipo de amenazas.

Intrusos

Personas que consiguen acceder a los datos o programas a los cuales no están autorizados crackers, defacers, hackers, script kiddie o script boy.

Siniestro

Robo, incendio, inundación: una mala manipulación o mala intención derivan en la pérdida del material o de los archivos.

Personal técnico interno

Técnicos de sistemas, administradores de bases de datos, técnicos de desarrollo, etc. Los motivos que se encuentran entre los habituales son: disputas internas, problemas laborales, despidos, fines lucrativos, espionaje, etc.

Fallos electrónicos o lógicos de los sistemas informáticos en general.

Catástrofes naturales
Rayos cósmicos, terremotos, inundaciones.

Tipos de amenaza:
Existen infinidad de modos de clasificar un ataque y cada ataque puede recibir más de una clasificación. Por ejemplo, un caso de phishing puede llegar a robar la contraseña de un usuario de una red social y con ella realizar una suplantación de la identidad para un posterior acoso, o el robo de la contraseña puede usarse simplemente para cambiar la foto del perfil y dejarlo todo en una broma sin que deje de ser delito en ambos casos, al menos en países con legislación para el caso.

Amenazas por el origen

El hecho de conectar una red a un entorno externo nos da la posibilidad de que algún atacante pueda entrar en ella y hurtar información o alterar el funcionamiento de la red. Sin embargo, el hecho de que la red no esté conectada a un entorno externo, como Internet, no nos garantiza la seguridad de la misma.

Aproximadamente entre el 60% y 80% de los incidentes en la red son causados desde adentro de la misma.

Basado en el origen del ataque podemos decir que existen dos tipos de amenazas:

1-Amenazas internas: generalmente estas amenazas pueden ser más serias que las externas, por varias razones como:

a-Si es por usuarios o personal técnico, conocen la red y saben cómo es su funcionamiento, ubicación de la información, datos de interés, etc. Además, tienen algún nivel de acceso a la red por las mismas necesidades de su trabajo, lo que les permite mínimos movimientos.

b-Los sistemas de prevención de intrusos o IPS, y firewalls son mecanismos no efectivos en amenazas internas por no estar, habitualmente, orientados al tráfico interno. Que el ataque sea interno no tiene que ser exclusivamente por personas ajenas a la red, podría ser por vulnerabilidades que permiten acceder a la red directamente: rosetas accesibles, redes inalámbricas desprotegidas, equipos sin vigilancia, etc.

2-Amenazas externas: Son aquellas amenazas que se originan fuera de la red. Al no tener información certera de la red, un atacante tiene que realizar ciertos pasos para poder conocer qué es lo que hay en ella y buscar la manera de atacarla. La ventaja que se tiene en este caso es que el administrador de la red puede prevenir una buena parte de los ataques externos. Amenazas por el efecto

El tipo de amenazas según el efecto que causan a quien recibe los ataques podría clasificarse en:

a-Robo de información.
b-Destrucción de información.
c-Anulación del funcionamiento de los sistemas o efectos que tiendan a ello.

d-Suplantación de la identidad, publicidad de datos personales o confidenciales, cambio de información, venta de datos personales, etc.
e-Robo de dinero, estafas, Amenazas por el medio utilizado
Se pueden clasificar por el modus operandi del atacante, si bien el efecto puede ser distinto para un mismo tipo de ataque:

1-Virus informático: malware que tiene por objeto alterar el normal funcionamiento de la computadora, sin el permiso o el conocimiento del usuario. Los virus, habitualmente, reemplazan archivos ejecutables por otros infectados con el código de este. Los virus pueden destruir, de manera intencionada, los datos almacenados en una computadora, aunque también existen otros más inofensivos, que solo se caracterizan por ser molestos.

ATAQUES CIBERNAUTICOS

Para que no tengas ninguna duda a la hora de identificarlos y combatirlos, te explicamos en qué consisten. A continuación, detallamos las clases de incidentes, los tipos de cada clase y su descripción.
los ataques informáticos más usuales son los siguientes:

1) Ataques por repetición: ocurre cuando un pirata informático copia una secuencia de mensajes entre dos usuarios y envía tal secuencia a uno o más usuarios. A menos que esto sea minimizado, el sistema atacado procesa este comportamiento como mensajes legítimos y producen respuestas como pedidos redundantes.

2) Ataques de modificación de bits: se basan en las respuestas predecibles de las estaciones receptoras. El pirata modifica bits de un mensaje para enviar un mensaje cifrado erróneo a la estación receptora, y éste se puede comparar entonces contra la respuesta predecible para obtener la clave a través de múltiples repeticiones.

3) Ataques de denegación de servicio (DOS, Denial of Service): consiste en colapsar total o parcialmente a un servidor para que éste no pueda dar respuesta a los comandos no para sacar de él información En la red internet, esto puede lograrse saturando un solo servidor con múltiples solicitudes desde múltiples ordenadores. Como el servidor es incapaz de responder a todas las solicitudes, colapsa. En las redes inalámbricas, esto se logra también provocando ruido: se coloca un teléfono a 2,4 GHz cerca del punto de acceso e iniciar una llamada. La energía de radiofrecuencia provocada es suficiente para bloquear de manera efectiva gran parte del tráfico de datos en el punto de acceso.

4) Ataques de diccionario: en ciertos modelos de autenticación de datos, para ingresar al sistema la contraseña se mantiene en secreto, mientras que el nombre de usuario es enviado en forma de texto simple y es fácilmente interceptable. En este caso, el pirata informático obtiene distintos nombres de usuarios y con ellos, desde un ordenador, empieza a adivinar las contraseñas con base en palabras de diccionarios en distintos idiomas. Este ataque es exitoso en gran medida porque muchos usuarios utilizan contraseñas poco creativas.

5) Modificación de sitios web (Defacement): ataque en el que un ciberdelincuente modifica una página web de contenido, un aspecto, ya sea aprovechándose de vulnerabilidades que permiten el acceso al servidor donde se encuentra alojada la página, o vulnerabilidades del propio gestor de contenidos de software desactualizado o plugins no oficiales.
Código malicioso:

6)Infección extendida: infección que a través de la ejecución de código malicioso es un virus, un scripts, o un gusanos, se afecta a un conjunto de sistemas debido al fallo de las medidas establecidas de detección o contención.

7)Infección única: a diferencia de la infección extendida, ésta solo afecta a un dispositivo, usuario o sistema, compartiendo el resto de similitudes.

8)Robo o pérdida de equipos: se trata de la sustracción o pérdida de equipamiento TIC: ordenadores de sobremesa, portátiles, dispositivos de copias de seguridad, etc.

INGENERIA SOCIAL

Consiste en el uso de técnicas psicológicas y habilidades sociales con el fin de manipular a una persona para que realice acciones específicas y lograr así una meta o beneficio.

En el contexto de la seguridad de la información, la ingeniería social tiene que ver con las técnicas utilizadas por los ciberdelincuentes para engañar a los usuarios y obtener datos privados y confidenciales como fecha de nacimiento, dirección, contraseñas o información financiera, además, es usada para infectar los equipos informáticos con malware y otros virus que ponen en riesgo la información.
Cualquier persona puede ser víctima de un ataque con ingeniería social, este puede materializarse a través de internet o por teléfono, basta con que el cibercriminal logre el engaño para que la víctima le dé datos de mucho valor.

En este artículo te contamos más sobre cómo funciona la ingeniería social, cuáles son los ciberataques más comunes que se concretan con el uso de esta técnica y qué medidas tomar para prevenir ser víctima de los ingenieros sociales.

ciberataques con ingeniería social

Los ciberdelincuentes aprovechan las vulnerabilidades y riesgos cognitivos de las personas para concretar sus ataques, es decir, es muy común que estos delincuentes se hagan pasar por una persona o entidad de confianza y con autoridad para engañar y manipular a sus víctimas y de esta forma, acceder a información confidencial e infectar sus equipos.

Algunos de los ciberataques más comunes para nuestros hijos, que se materializan con el uso de esta técnica son:

1. Phishing

En este ataque, por lo general, la víctima recibe un correo electrónico procedente de una fuente aparentemente confiable, por ejemplo, del jefe o director de la empresa que solicita datos como el nombre de usuario y contraseña para ingresar a un determinado sistema. Como se está en un contexto laboral, es usual que se entregue la información solicitada sin antes verificar la identidad de la persona que envió el correo.

2. Vishing

Es de la línea del phishing, pero en este ataque los cibercriminales utilizan llamadas y mensajes de voz para hacer caer a las víctimas: falsifican números de teléfono y se hacen pasar por una persona de confianza o con autoridad, por ejemplo, alguien del banco, un representante de otra empresa con la que se tenga un servicio o incluso, un compañero del área informática o de tecnología.

Durante la llamada el delincuente le solicita a la víctima información o le hace algunas preguntas sobre su identidad con el pretexto de ofrecerle un mejor servicio o ayudarlo a resolver algún inconveniente.

3.Scareware

Es un malware con el que los cibercriminales asustan a los usuarios para que visiten un sitio web infectado.

El scareware aparece principalmente en ventanas emergentes en las que se comunica cómo se puede eliminar un virus informático que aparentemente existe en el dispositivo. Cuando el usuario da clic en esta ventana, realmente lo dirige a un sitio infectado que propicia la instalación de malware sin notarlo.

Es de conocimiento de temas relacionados a la ciberseguridad es muy limitada, casi que raya a la ingenuidad. Aun siendo de actualidad y teniendo presente cómo los riesgos cibernéticos pueden afectar a cualquier tipo de usuario, y por este motivo debería ser una prioridad dar a conocer a los padres, docentes, y acudientes; los diversos métodos de prevención y protección de riesgos en el ciberespacio para así garantizar en mayor medida un uso adecuado del Internet. En el caso de algunos países, es frecuente la realización de varios eventos relacionados a las nuevas tecnologías con el fin de expandir los conocimientos y las posibilidades de uso de las mismas, pero encontrar alguno específicamente relacionado a la ciberseguridad y enfocado a todo tipo de usuarios no es frecuente.

Teniendo esto en cuenta, sin una buena preparación ante los riesgos presentes en el ciberespacio y los métodos de mitigación de los mismos, la probabilidad de ser víctima de estos crece de manera exponencial. Sobre los ciberataques, se tiene que:

Los ciberdelincuentes están lanzando ataques contra las redes y sistemas informáticos de particulares, empresas e incluso, de organizaciones internacionales. Situación se incrementó por la pandemia del coronavirus y el (INTERPOL, 2020). Por ende, la principal atención fue desviado hacia la salud del ser humano, y se descuidó la Seguridad Informática en los hogares particularmente. Es decir, se bajó la guardia en los diferentes ámbitos relacionados a la ciberseguridad. Una de las Empresas más relevantes en España advierte ciberataques durante la crisis sanitaria, la empresa especialista en Ciberseguridad (ESED, Ciber Security & IT Solutions s.f.), afirma durante esta crisis, Durante la pandemia del Covid-19 el uso de plataformas digitales como el correo electrónico, o herramientas de comunicación tipo Zoom se han masificado, siendo el blanco perfecto para los ciberataques.

Los ciberdelincuentes aprovechan cualquier vulnerabilidad para lanzar sus ataques con el fin de conseguir información sensible o credenciales para fines ilícitos. Durante esta crisis, en la cual las plataformas digitales se han convertido en nuestra puerta al exterior, los ciberataques se han intensificado.

Queremos que estés preparado y te sientas protegido mientras navegas por la red, por eso, vamos a hacer un repaso de los ataques más comunes que se están lanzando durante la pandemia y te explicaremos qué puedes hacer para detectarlos a tiempo, minimizando el riesgo de ser atacado.

Ciberataques más comunes

Ataques de phishing

Los ataques de phishing, es decir, ataques mediante el envío de correos electrónicos con intenciones maliciosas, es una de las prácticas más comunes por los ciberdelincuentes. Estos, al ser difíciles de detectar por sus errores casi imperceptibles a simple vista (tienes que fijarte muy bien y saber lo que buscas para darte cuenta), consiguen que muchos usuarios piquen (de aquí lo de phishing), convirtiéndose así en víctima del ciberdelincuente.

Al intensificarse el teletrabajo a partir de marzo, las comunicaciones vía mail también han aumentado, convirtiéndose en el medio perfecto para el lanzamiento de programas maliciosos.

Un primer ejemplo lo encontramos con la utilización del nombre de Netflix. El fin de los atacantes es que caigas en su trampa, por esto, normalmente, utilizan nombres de marcas reconocidas. Con este caso se han utilizado diferentes tipos de mails maliciosos.

Un segundo ejemplo podemos verlo en los ataques que se suplanta el Webclass o Webcam de los colegios. Red de Servicios líder en tecnología educativa. Los ciberdelincuentes suplantan el para lanzar un mail con el asunto: "Errores en el hosting". Cuando recibes este correo, tu primera reacción es abrirlo para saber qué pasa. En el contenido del mail te explican que tu cuenta de hosting ha sido suspendida y que tienes que reactivarla. Tu primer instinto es solventar este problema antes de que se genere una situación de alarma en la clase. Y posteriormente llega un mensaje que dice: Lamentamos decirte que te acaban de robar todos tus datos. A tu hosting no le pasaba nada.

Disponer de soluciones antiphishing te ayudará a detectar y eliminar este tipo de correos electrónicos antes de que puedan infectarte. Sin embargo, el factor humano es una de las causas principales de este tipo de ataques, por eso es importante que tus empleados estén preparados y sepan cómo detectarlos.

Para la prevención de este tipo de amenazas las soluciones antiransomware como antivirus o endpointson las más eficaces. No obstante, no todas son iguales ni ofrecen la misma protección. Dependiendo del tipo de sistema, deberás escoger aquella que te ayude a solventar tus brechas de seguridad o vulnerabilidades. Además, no dejes de implementar firewalls o cortafuegos en tu sistema para una mayor capa de seguridad. Cuanto más difícil sea el acceso a tu sistema, menos ganas tendrán los ciberdelincuentes de atacarte.

Oferta de trabajo falsas

Nos encontramos en un momento de gran incertidumbre a nivel laboral y como ya hemos dicho anteriormente, los ciberdelincuentes aprovechan cualquier situación de vulnerabilidad para lanzar sus ataques. Un ejemplo lo vemos en los anuncios que han empezado a publicar en plataformas como Facebook o Instagram con frases tipo: "Gana dinero de forma fácil". Y juntar "dinero" y "fácil" en una misma frase, no puede augurar nada bueno.

Desconfía de ofertas demasiado atractivas como por ejemplo "1 año de Netlix gratis" y sobre todo, ¡no cliques el anuncio! Estarás a un paso de que roben tus datos bancarios

Creación de páginas falsas para recaudar fondos para el Covid-19

Los ciberdelincuentes aprovechan la empatía de personas sensibles para generar páginas falsas que supuestamente recogen fondos para la crisis económica derivada del Covid-19.

Pedimos, por favor, que sigas siendo solidario pero que lo hagas mediante páginas y sitios web oficiales y seguros. Por ejemplo, fíjate antes de entrar en un sitio que el inicio de la URL sea "HTTPS://" en vez de "HTTP://", de esta manera sabrás que el sitio es seguro para su navegación.

Y hasta aquí el repaso de los ciberataques más comunes estos días. Recuerda, las soluciones anti phishing, ransomware y firewalls, junto con una buena estrategia de ciberseguridad, serán tu escudo protector perfecto contra ataques de malware.

Para el caso particular de Colombia, se ha identificado que la cifra de ciberataques en los últimos años ha crecido de forma exponencial, llegando al nivel de, por ejemplo, evidenciar que 7 de cada 10 personas ya han sido víctimas de algún ciberataque al realizar compras online, o recalcar cómo el país ha sido víctima de más de 3.700 millones de intentos de ciberataques en la primera mitad del 2021 y ocupa el cuarto lugar en Latinoamérica con respecto al volumen de vulnerabilidades identificadas (Revista Semana, 2021). En adición a esto, Arturo Torres, estratega de FortiGuard Labs, el laboratorio de análisis e inteligencia de amenazas perteneciente a la multinacional Fortinet (2021), asegura por medio de un comunicado de prensa lo siguiente:

La expansión de la superficie de ataque que brindan los modelos híbridos de trabajo y enseñanza sigue siendo una gran oportunidad para los delincuentes. Es por eso que vemos un número creciente de ataques a dispositivos IoT y a recursos vulnerables utilizados en reuniones y clases, como cámaras y micrófonos.

Esto permite evidenciar que, sin importar el tipo de usuario utilizado al momento de conectarse a Internet, o sin importar el tipo de actividad realizada, bajo cualquier condición es posible llegar a exponerse a riesgos dentro del ciberespacio. Además de que la abrupta transición a la virtualidad causó un ambiente propicio para el aumento de vulnerabilidades en los sistemas y, por ende, el aumento de ciberataques. Por esta razón es importante estar capacitado, como mínimo, en conceptos básicos de ciberseguridad relacionados a la protección y prevención de riesgos en el ciberespacio.

Sexting

¿Qué es? Es enviar fotos o videos de uno/a mismo/a con carácter sexual a otra persona mediante un dispositivo como teléfono o tablet[2]. Aunque hacerlo es una decisión muy personal, es importante saber que **es una práctica riesgosa.**

Privacidad y protección de datos

Cuando se navega en internet, redes sociales y otras aplicaciones tienes que preocuparte por implementar mecanismos de seguridad para evitar robos de información, de identidad, perdidas de datos y otros múltiples riesgos.

Cuidado con lo que se comparte

Además del malware que puede robar tus datos, tú mismo/a puedes ponerte en riesgo al compartir información personal con otras personas y ser susceptible al robo de identidad. Por ejemplo, al tener las redes sociales públicas te expones riesgos como, suplantación de la identidad, ciberbullying, extorsión cibernética, grooming, robo de datos y más.

Tips para que no compartas de más:

- No guardes tus contraseñas física o virtualmente en un lugar donde cualquier persona tiene acceso. Mejor asegura tus contraseñas usando un gestor o administrador como LastPass o 1Password.

- Te recomendamos hacer todas tus redes sociales privadas y no aceptar nunca a alguien que no conoces.

- No uses conexiones de wifi abiertas y si tienes que hacerlo NUNCA pongas información sensible (como tus contraseñas, datos bancarios, dirección, etc.)

Ciberacoso

Ciberacoso es acoso o intimidación por medio de las redes sociales o medios digitales como juegos o plataformas de mensajería. Es un comportamiento que se repite y que busca atemorizar, enfadar o humillar a otras personas[6]. Por ejemplo:

- **Difundir mentiras, burlas** o publicar fotografías vergonzosas de alguien.

- **Enviar mensajes hirientes** o amenazas a través de las plataformas de mensajería.

- **Hacerse pasar por otra persona** y enviar mensajes agresivos en nombre de dicha persona.

Datos de Ciberacoso

- 7 de cada 10 de han sido principalmente victimizados por redes sociales.

- 4 de cada 10 no conocen la identidad de su agresor.

- A las y los que respondieron haber sido víctimas de ciberacoso escolar, les preguntamos si han faltado a la escuela por este motivo.

- Poco más de 3 de cada 10 han faltado a la escuela debido al ciberacoso. El 43% dijo que no ha faltado, sin embargo, al 16% les gustaría hacerlo.

Sé amable en línea

46% de los encuestados respondió "prefiero no contestar" a la pregunta: ¿tu círculo de amig@s hace ciberacoso a otras personas?

Todos los amigos se hacen bromas entre ellos, pero hay ocasiones en que es difícil saber si alguien solamente se está divirtiendo o si está tratando de herirte, sobre todo en internet. A veces te dirán, riéndose, que "era solo una broma" o que "no te lo tomes tan en serio". Pero si te sientes herido o piensas que alguien se está riendo de ti y no contigo, entonces la broma ha ido demasiado lejos[5].

Si ves que esto le está ocurriendo a alguien que conoces, procura ofrecerle apoyo y no ser parte del acoso.

Cuando el acoso ocurre en línea, la víctima siente como si la estuvieran atacando en todas partes, hasta en su propia casa. Tu salud mental, emocional y hasta física se pueden ver afectadas y parecería que no hay salida. Pero sí hay, recuerda que no estás sola, no estás solo.

¿Cuáles son las mejores técnicas de prevención de la ciberseguridad?

Hay varias técnicas de prevención de ciberseguridad que puede usar para ayudar a proteger sus dispositivos y datos de las amenazas cibernéticas en 2023. Aquí hay algunas opciones:

Utilice una VPN (red privada virtual): Software de VPN crea una conexión encriptada entre su dispositivo e Internet, lo que ayuda a proteger su actividad en línea e información personal para que no sea interceptada por piratas informáticos.

Instale el software antivirus: El software antivirus ayuda a detectar y eliminar malware de sus dispositivos. Es importante mantener su software antivirus actualizado para asegurarse de que pueda protegerlo contra las amenazas más recientes.

Utilice un administrador de contraseñas: Un gestor de contraseñas es una herramienta que lo ayuda a generar y almacenar contraseñas seguras y únicas para todas sus cuentas en línea. Esto puede ayudarlo a protegerse de violaciones de seguridad relacionadas con contraseñas.

Habilite la autenticación de dos factores: Autenticación de dos factores agrega una capa adicional de seguridad a sus cuentas en línea al solicitarle que ingrese un código enviado a su teléfono o correo electrónico además de su contraseña al iniciar sesión.

Mantenga su sistema operativo y software actualizados: Es importante mantener su sistema operativo y software actualizados con los últimos parches y actualizaciones de seguridad. Estas actualizaciones a menudo incluyen correcciones de seguridad importantes que pueden ayudar a proteger su dispositivo contra nuevas amenazas.

Tenga cuidado al hacer clic en enlaces o descargar archivos adjuntos: Tenga cuidado al hacer clic en enlaces o descargar archivos adjuntos, especialmente si provienen de fuentes desconocidas. Estos a menudo pueden contener malware que puede comprometer su dispositivo.

Haga una copia de seguridad de sus datos: Regularmente copia de seguridad de sus datos puede ayudarlo a protegerse en caso de pérdida, robo o riesgo de su dispositivo.

Cifre sus datos utilizando el almacenamiento en la nube: Si almacena sus datos en la nube, puede ayudar a protegerlos mediante el cifrado. El cifrado de sus datos ayuda a evitar el acceso no autorizado, incluso si alguien obtiene acceso a su cuenta en la nube. Muchos proveedores de almacenamiento en la nube ofrecen opciones de cifrado, o puede utilizar una herramienta de cifrado independiente para proteger sus datos antes de cargarlos en la nube.

Las organizaciones son responsables de proteger los datos de los clientes y evitar que se acceda a ellos sin autorización. Por inquietantes que puedan ser estas estadísticas de ciberseguridad, parte del deber de una empresa es garantizar que su sistema de defensa de ciberseguridad tenga todo lo que necesita para tener éxito.

La ciberviolencia

Una realidad que acecha a las mujeres.

La **ciberviolencia de género** consiste en el acoso producido por parte de una persona hacia otra del sexo opuesto utilizando las nuevas tecnologías y todas las herramientas que proporciona internet. Las redes sociales, los foros, los juegos online, los chats… son lugares muy comunes en los que se da este tipo de violencia, por lo que resulta imprescindible conocer qué es la ciberviolencia de género.

Las agresiones en línea no son fáciles de detectar y se desarrollan a velocidades prodigiosas.

Al menos el 70 % de ellas ha sido víctima de violencia mediante redes sociales o dispositivos.

6
EL CIBERCRIMEN

Definición

Delito muy grave cometido mediante el uso de métodos informáticos o a través de Internet o las redes virtuales.

La red, cada vez más vulnerable al cibercrimen

Nuevos ataques y robos de información plantean la necesidad de repensar como se protegen los datos que circulan en internet

El robo de más de 1.200 millones de contraseñas, que, de confirmarse, sería el *mayor* ataque llevado a cabo por piratas informáticos hasta ahora, vuelve a encender las alarmas sobre cuán protegidos están los datos que recorren la red, y se convierte en el más reciente de una lista de episodios que ponen de relieve la considerable vulnerabilidad de los sistemas de información en el mundo.

Pero, además de la magnitud *(420.000* sitios fueron vulnerados por lo que se cree es una banda de una docena de *hackers* rusos), lo preocupante de este último ataque es la relativa simplicidad de los medios empleados. En lugar de misteriosas agencias estatales con tecnología de punta, los *golpes* de hoy los asestan ladrones que trabajan desde computadoras portátiles y que hallan formas sencillas de conducir ataques a gran escala.

En el caso de la pandilla rusa, los *hackers* infectaron docenas de computadoras personales para crear una *botnet,* una red de 'robots', en los que básicamente su computadora trabaja para los criminales sin que usted lo sepa. La red instruyó a sus terminales 'esclavas' para detectar fallas en cada sitio web visitado por el usuario. Si hallaban alguna, realizaban un ataque dirigido. Es una técnica que expertos comparan con ir de carro en carro en un parqueadero mirando si alguno tiene las puertas sin seguro.

El problema es que la mayoría de los sistemas de seguridad que se emplean hoy en día se basan en contraseñas alfanuméricas. Consideradas como virtualmente infalibles hace dos o más décadas, las contraseñas, son cada día más susceptibles a ataques a gran escala que, a su vez, son más fáciles de realizar a medida que los equipos de cómputo ganan en poder y velocidad.

Miguel Ángel Mendoza, especialista de la firma de seguridad digital Eset, explicó a EL TIEMPO: "Desde el punto de vista del usuario, no basta con poseer una contraseña extensa y difícil de conocer; es necesario aplicar otras medidas de seguridad, como contar con una solución 'antimalware', por ejemplo. Desde la perspectiva de las empresas, aplicar medidas como cifrar los datos de los usuarios u ofrecer mecanismos de doble factor de autenticación (que combinan el uso de una contraseña con algún. código de verificación enviado a, un teléfono celular) contribuirá a mitigar estos incidentes de seguridad.

Llevar a cabo auditorías de seguridad en los sistemas de manera continua y aplicar correcciones de seguridad y actualizaciones es otra tarea fundamental".

Datos de la firma Verizon sugieren que dos de cada tres violaciones de sistemas de seguridad involucran el uso de contraseñas robadas. Pedirles a los usuarios que las cambien o que las hagan más complejas no ha demostrado tener efecto en las estadísticas.

En abril, el mundo se sorprendió con 'Heartbleed', un fallo informático que permite a los hackers abrir una puerta en OpenSSL, el sistema que encripta los datos sensibles de dos tercios de los sitios web en el planeta, y extraer piezas de información como contraseñas y nombres de usuario. Aunque se denunció como una seria vulnerabilidad, esta semana demuestra que poco o nada se ha hecho para solucionarla y que el 97 por ciento de los sitios vulnerables siguen en riesgo.

¿El fin de las contraseñas?

Eso ha llevado a muchas voces de la industria a plantear la necesidad de evolucionar hacia sistemas más complejos para proteger datos. Un camino natural es remplazar las contraseñas con métodos físicamente asociados al usuario, como los datos biométricos. La premisa es que a un ciber ladrón le resultaría inservible tener su dirección de correo si además necesita su huella digital o el patrón de su retina.

Otra opción es sencillamente encriptar toda la red, para que los datos solo puedan ser descifrados una vez llegan a su legítimo destinatario. Yahoo!, uno de los mayores proveedores de servicios de correo electrónico del mundo, anunció el jueves que permitirá a sus usuarios encriptar los mensajes que envíen mediante un sistema de encriptación PGP, una modalidad contra la que todos los ataques de los hackers hasta la fecha han resultado infructuosos.

PGP trabaja sobre una clave de encriptación única que cada usuario guarda en su ordenador, tableta y teléfono móvil. De esta manera, no será Yahoo (o Google, que también anunció en junio la adopción de un sistema similar) el que posea las claves de encriptación, sino que cada usuario generará sus propias claves, y sólo él y el receptor del mensaje podrán descifrarlo. Facebook, por su parte, adquirió recientemente la firma PrivateCore, que produce software para proteger información.

DE TRES ATAQUES
A sistemas informáticos involucran el uso de contraseñas robadas, según Verizon

LOS USUARIOS DEBEN REFORZAR SUS CONTRASEÑAS

Aunque es claro que el sistema de contraseñas alfanuméricas es obsoleto en sí mismo, las personas son el primer punto a atacar por parte de los delincuentes. Hay varias opciones para optimizar la segundad de sus claves: Largas. Si usted logra crear y memorizar una clave de al menos 12 dígitos, con números, símbolos y mayúsculas, estará en un escalón arriba.

Combinada. Trate de no usar la misa contraseña para todos sus servicios en línea. Tener una 'clave maestra' a la que le cambia algunos dígitos en algunos servicios de internet, es una gran solución. Cuídela. Ni la preste, anote, copie o diga a nadie no autorizado o sitio raro. Nunca.

Quedó obsoleto hace rato y está retrasando el desarrollo de" internet. Esfuerzos de la industria de tecnología para dar opciones.

Se acerca el final de las contraseñas

El sistema alfanumérico se quedó obsoleto hace rato y está retrasando el desarrollo de Internet.

Suena apocalíptico, pero los datos privados del 60 por ciento de los usuarios de internet están en peligro de quedar al descubierto. Esto, debido a una falla de seguridad hallada en el sistema de encripción OpenSSL, encargado de 'esconder' la información que viaja desde nuestros equipos a los servidores centrales de la mayoría de sitios web.

Es como si un buen día descubrieran que las puertas y ventanas de las casas y apartamentos del mundo entero pueden ser abiertas por una sola llave. Una vez más, el sistema de contraseñas se quedó corto.

"El desarrollo del ecosistema de internet está en entredicho debido a que las contraseñas ya no son seguras. Esto es un hecho", dijo a la revista Time Michael Barret, jefe de seguridad del sistema de pagos en línea PayPal.

La mayoría de sistemas de encripción de contraseñas guardan las claves de todos los usuarios de un sitio web en un archivo único, una técnica vieja y muy insegura. Servicios como LinkedIn y PlayStation Network, por mencionar algunos, han sufrido ataques a dicho sistema y perdido millones de claves.

"Un ataque de fuerza bruta (un super PC adivinando una contraseña) permite descubrir una clave en minutos", escribió en su blog Poul-Hening Kamp, inventor del sistema de contraseñas MD5 Crypt, uno de los más usados en internet y declarado por su propio creador como obsoleto.

De otro lado, las personas son el punto más débil de todo sistema de seguridad. Según un estudio de 2013 de la consultora Nok, un usuario de internet usa la misma contraseña para nueve servicios en línea al día.

A partir de engaños como el phishing (sitios web, mensajes o apps que parecen reales solicitando datos) los malos logran una contraseña que "les permite hacerse con varios servicios de la víctima", explicó Kamp a la revista Wire.

La industria es consciente de la obsolescencia de las contraseñas y trabaja en conjunto para cambiarlo (ver recuadro FIDO). El objetivo es modernizar el sistema con uno que combine varios requisitos de comprobación de la identidad. "Tenemos la tecnología, pero pasarán años antes de que estandaricemos su uso", puntualizó Barret de PayPal.

LOS HACKERS:

Hacker se referirse a una persona o a una comunidad que posee conocimientos en el área de informática y se dedica a acceder a sistemas informáticos para realizar modificaciones en el mismo.

Los conocimientos que se pueden adquirir sobre los ataques de hackers son importantes, para la seguridad de su equipo y más aún la de su información.

De acuerdo con estas ideas, la presente investigación va a estar centrada en analizar y diagnosticar los recursos que pueda aplicar el usuario al computador para poder evitar el acceso de visitantes indeseados.

CLASES DE HACKERS

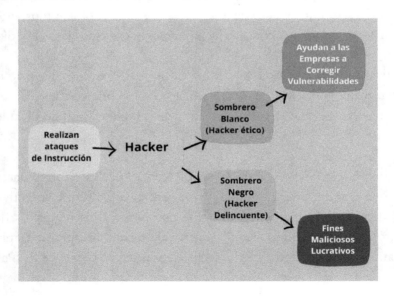

Existen más de 17 tipos de hacker, pero nos referiremos a 3 en específico,pero nos vamos a concentrar en 3 que nos atañen al tema.

1. **Hackers white hat (**O de sombrero blanco)

Son aquellos que se basan en la ética. Desarrollan su trabajo fortaleciendo y protegiendo los sistemas informáticos de sus clientes, ocupando así puestos importantes en las empresas de seguridad informática. Hacen auditorias informáticas (Es un proceso que consiste en recopilar, agrupar y evaluar evidencias que permiten determinar si el sistema informático utilizado por una empresa mantiene la integridad de los datos, y cumple con los protocolos).

Hacen un uso eficiente de los recursos, cumple con las normativas y leyes establecidas que regulan la materia. En los sistemas para así protegerlos del ataque de otros hackers. Son esenciales para que las grandes empresas dispongan de una red sólida.

2. **Hackers black hat** (O de sombrero negro son aquellos que usan sus conocimientos para hacer el mal).

Estos son los verdaderos ciberdelincuentes En la inmensa mayoría de casos, lucrarse). Detectan fallas en los sistemas de seguridad informáticos para así romperlos y acceder a zonas restringidas donde pueden obtener información secreta. De este modo, clonan tarjetas de crédito, suplantan identidades, extraen información para chantajear.

3. **Hackers red hat (O** de sombrero rojo son aquellos que podrían entenderse como los Robin Hood del mundo de los hackers).

Son aquellos que actúan contra los hackers de sombrero negro con el objetivo de derribar su infraestructura, pirateando los sistemas de estos hackers negros, deteniendo los ataques que estos realizan.

HACKING ÉTICO

Definición

El hacking ético: Es en sí una auditoría efectuada por profesionales de seguridad de la información, quienes reciben el nombre de *"pentester"*. A la actividad que realizan se le conoce como **hacking ético"** o "pruebas de penetración".

Las pruebas de penetración surgieron como respuesta a la presencia y realización de los primeros ataques informáticos a las organizaciones, los cuales trajeron graves consecuencias, como pérdidas monetarias y de reputación. Es aquí donde interviene el trabajo de un **"hacker ético"**, ya que su labor es buscar vulnerabilidades en los sistemas de la organización para, posteriormente, poder mitigarlos y evitar fugas de información sensible.

El hacking ético ha ido constituido una necesidad apremiente particularmente en el área financiera yde igual manera a medida que las empresas crecen y la dependencia tecnológica es mayor, se empieza hacer más común este término y escuchar de esta práctica es una realidad, se hace necesaria intentar poner freno a los ataques constantes por cibercriminales. El hacking ético se ha ido tomando su lugar en la seguridad general de las organizaciones.

Con el crecimiento en los últimos años de los servicios tecnológicos crecen y las transacciones o compras online están en constante aumento, es notable que las personas cada vez más utilizan estos servicios que ofrecen los bancos para facilitar el tiempo que se puede invertir en este tipo de tareas, pero esto trae consigo una tendencia de aumento de incidentes de seguridad, así como aumento en ataques de phishing contra entidades bancarias, y así como se va mejorando cada día la seguridad en estas entidades, también mejoran la forma de atacar con herramientas sofisticadas y en mayor cantidad, queriendo siempre vulnerar la seguridad quebrantando contra la los pilares de la seguridad: confidencialidad, integridad y disponibilidad de la información. Existen varios mecanismos de engaño para que un programa de este tipo logre llegar a una red bancaria, todo viaja a través del internet facilitando.

Este tipo de ataques cibernéticos se producen de la forma más sutil, abriendo un correo de publicidad llamativa como ganarse una beca o un viaje, que haya un anuncio de un programa gratuito, hasta un link en una red social puede llegar a ocasionar un hueco de seguridad en una red organizacional. El hacking ético tiene como función verificar los niveles de seguridad actuales en el momento que se hace el análisis, se intenta descubrir **vulnerabilidades** y así mismo corregirlas antes de que un malhechor llegue a ellas y pueda explotarlas de manera perjudicial para la organización.

Para que sirve el hacking ético

- Evaluar el estado de seguridad de un sistema o infraestructura tecnológica.

- Explorar las vulnerabilidades encontradas sin perjudicar la red ni los activos de la organización.

- Analizar los resultados obtenidos.

- Reportar a las partes interesadas.

- Dar las mejores recomendaciones para mitigar el riesgo de las vulnerabilidades que se encuentren.

APRENDA A BLINDARSE CONTRA LOS "HACHER"

En épocas de interceptaciones y robos de información, espionaje de perfiles sociales en internet y otros delitos cometidos por los mal llamados *hackers* (término que realmente describe a alguien experto en sistemas informáticos, no a un delincuente), la gente se pregunta por la efectividad de la seguridad digital y sobre cómo es posible protegerse.

Según la empresa Symantec, creadora entre otras del antivirus Norton, el año pasado seis millones de colombianos tuvieron algún incidente de seguridad informática. La multinacional, en su informe anual de ciberseguridad, reveló que el año pasado se recibieron casi 5.000 denuncias y casos en las autoridades por delitos informáticos, de los cuales, el 62 por ciento afectaron a personas naturales.

Para el experto en seguridad informática, conocido como @SoyOcioX en Twitter, la mayoría de delincuentes "no necesitan de procedimientos sofisticados para vulnerar un perfil. Muchas veces con adivinar la contraseña o la respuesta a la pregunta de seguridad del correo, simulando olvido de clave, se hacen con los perfiles de las personas" Para este conocedor del tema, "las personas pueden reforzar los sistemas de acceso e identificación a sus redes sociales y correo. De este modo hacen muy complejo que alguien pueda penetrar a un perfil o servicio. Aunque claro, no hay nada 100 por ciento seguro"

A continuación, explicaremos cómo es posible blindar y asegurar de mejor manera los perfiles digitales en internet.

ASEGURE SU CORREO

En Gmail dé clic en el icono con su nombre [arriba, derecha] y luego en 'Privacidad' Después haga clic en 'Más información sobre la verificación en dos pasos'. Se iniciará un tutorial que le permite vincular su celular para que cuando alguien extraño intente iniciar sesión, no pueda por no recibir el código en su móvil.

En Outlook: entre a su cuenta, pulse en el botón en forma de piñón y luego en 'Configuración' Dé clic en 'Detalles de la cuenta' y en 'Seguridad y contraseña'

FACEBOOK

En el computador dé clic en el icono en forma de candado [arriba, derecha], luego en 'Ver más'. En la parte izquierda haga clic en 'Celular' y asocie su número.

Luego pulse en 'Seguridad' y en 'Aprobaciones de inicio de sesión'. Cada vez que ingrese a su Facebook desde un computador, celular o tableta que no sean los suyos, deberá introducir un código que le llega a su móvil por SMS.

Por el cargo, que está en niveles gerenciales, pagan cifras astronómicas, pero alrededor de este también se generan un gran estrés y elevado riesgo laboral.

En Facebook tienen una serie de normas comunitarias y también en Instagram disponemos de directrices comunitarias. Se actúa cuando tenemos conocimiento de la existencia de contenidos que infringen estas políticas, como es el caso del acoso y la intimidación, y estamos constantemente mejorando nuestras herramientas de detección para localizar más rápidamente este tipo de contenidos.

Garantizar que los usuarios no vean contenidos de odio o acoso en los mensajes directos es complicado al tratarse de conversaciones privadas, pero estamos tomando las medidas necesarias para actuar con más contundencia frente a las personas que infringen nuestras normas. Si alguien persiste en el envío de mensajes que trasgreden las normas de uso, desactivaremos su cuenta. También deshabilitan aquellas cuentas nuevas que se creen para eludir nuestras restricciones de mensajería y seguiremos deshabilitando las cuentas que descubran que hayan sido creadas únicamente para enviar mensajes dañinos.

En Facebook e Instagram se trabaja de forma permanente para desarrollar nuevas tecnologías que fomenten las interacciones positivas, actuar contra los contenidos nocivos y lanzar nuevas herramientas que permitan a los usuarios tener un mayor control de sus experiencias en línea.

Estos son algunos ejemplos en el caso de Instagram:
Cuando alguien escriba un pie de foto o un comentario que nuestra inteligencia artificial detecte como potencialmente ofensivo o intimidatorio recibirá un aviso en el que se le invitará a pararse a reconsiderar si quiere revisar el texto antes de publicarlo.

Los comentarios que incluyan palabras, frases o emojis ofensivos serán ocultados o filtrados automáticamente gracias a la función "Ocultar comentarios", que está activada por defecto para todos los usuarios. Si quieres una experiencia aún más personalizada, puedes crear tu propia lista de emojis, palabras o frases que no quieres ver: los comentarios que contengan esos términos no aparecerán en tus publicaciones y los mensajes se enviarán a una bandeja de entrada filtrada. Todos estos filtros se encuentran en tu configuración de "Palabras filtradas".

TIKTOK

Utilizan una combinación de tecnología y equipos de moderadores para ayudarnos a identificar y eliminar de nuestra plataforma contenidos o comportamientos abusivos.

También se proporciona a su comunidad una amplia gama de herramientas para ayudarles a gestionar mejor su experiencia, ya sea controlando exactamente quién puede ver su contenido e interactuar con él, o utilizando herramientas de filtrado para mantener el control de los comentarios. Puedes conocerlas en nuestro Centro de Seguridad.

Puedes filtrar todos los comentarios o los que contengan las palabras clave que tú decidas. Por defecto, el spam y los comentarios ofensivos se ocultan a los usuarios cuando los detectamos.

Puedes eliminar o denunciar varios comentarios a la vez, y también puedes bloquear cuentas que publiquen de forma masiva comentarios acosadores u otros comentarios negativos, hasta 100 a la vez.

SNAPCHAT

Las pautas para la comunidad de Snapchat prohíben de forma clara y explícita cualquier tipo de acoso, intimidación u hostigamiento.

Se cualesquiera de estos comportamientos en nuestra plataforma, dado que no se ajustan a los principios por los que Snapchat fue creada y diseñada.

Si avisas de que estás sufriendo alguno de estos comportamientos o eres testigo de que alguien está infringiendo las normas, podemos actuar para protegerte a ti y a los demás miembros de la comunidad.

Además de denunciar contenidos o comportamientos ilícitos a Snapchat, cuéntaselo a tus amistades, progenitores, cuidadores o a un adulto de confianza. ¡El objetivo es que todo el mundo se sienta seguro y se divierta!

Puede que, por diversos motivos, tú o tus amigos sean reacios a hacer una denuncia ante una plataforma tecnológica, pero es importante que sepas que las denuncias en Snapchat son confidenciales y sencillas de hacer. Y recuerda: puedes denunciar tanto snaps (fotos y vídeos) como chats (mensajes) o cuentas en relación con algo que te haya ocurrido a ti o a otra persona.

En los espacios más públicos de Snapchat, como Discover o Spotlight, basta con presionar y mantener pulsado el contenido que se quiere denunciar. A continuación, aparecerá una tarjeta roja con el mensaje "Denunciar contenido" (una de las diversas opciones posibles). Haz clic en el enlace y se abrirá el menú de denuncias. El acoso y la intimidación ocupan las primeras categorías de la lista de denuncias. Simplemente, sigue las instrucciones y proporciona toda la información que puedas sobre el incidente. ¡Gracias por poner de tu parte y ayudarnos a proteger a la comunidad de Snapchat!

TWITTER

Se alienta a los usuariosque nos informe sobre las cuentas que podrían estar contraviniendo nuestras normas. Puedes hacerlo a través de nuestro Centro de Ayuda o a través del mecanismo de denuncia in-Tweet, haciendo clic en la opción "Denunciar un tuit".

Abra su perfil en un navegador Vaya a 'Configuración' y luego a 'Móvil' [columna izquierda]. Vincule su número celular Luego vaya a 'Seguridad' y active 'Verificación de inicio de sesión' De este modo, cuando usted o alguien intente introducir su nombre de usuario y contraseña, tendrá que verificar el proceso con un código que solo llegará a su celular por mensaje de texto.

En Twitter se sigue creando y mejorando herramientas para que la gente se sienta más segura, mantenga el control y gestione su huella digital. Estas son algunas herramientas de seguridad que cualquier persona en Twitter puede utilizar:

Elige quién puede responder a tu Tweet (ya sea todo el mundo, solo las personas que sigues o solo las personas que mencionas).

-**Silenciar** - Eliminar de tu línea de tiempo los tuits de una cuenta, sin bloquearla ni dejar de seguirla.

-**Bloquear** – Limitar las cuentas que pueden contactarte, ver tus tuits y seguirte.

-**Denunciar** – Presentar informes sobre el comportamiento abusivo.

Modo de seguridad: Es una nueva función que bloquea temporalmente las cuentas que utilizan un lenguaje potencialmente perjudicial o que envían respuestas o menciones repetitivas y sin invitación.

Como cientos de millones de personas intercambian ideas en Twitter cada día, es natural que no todos estemos de acuerdo todo el tiempo. Este es uno de los beneficios de una conversación pública, ya que todos podemos aprender de los desacuerdos y discusiones si se llevan a cabo de manera respetuosa.

Puede suceder que después de escuchar a una persona durante un rato, no quiera volver a escucharla. El derecho que esa persona tiene a expresarse no significa que tú tengas la obligación de escucharla. Si se ve o recibe una respuesta que no te gusta, deja de seguir esa cuenta y se debe terminar cualquier comunicación. Si el comportamiento continúa, recomendamos bloquear la cuenta. Si sigues recibiendo en Twitter respuestas no deseadas, dirigidas a ti de manera continua, considera la posibilidad de denunciar este comportamiento a Twitter.

Controlan de manera estricta que se cumplan nuestras reglas para asegurar que todas las personas puedan participar en la conversación pública libremente y de forma segura. Estas reglas abarcan específicamente un número de aspectos que incluyen temas como:

- Violencia
- Explotación sexual infantil.
- Abuso/acoso
- Comportamientos de incitación al odio
- Suicidio y autolesiones
- Compartir contenido multimedia de carácter delicado, incluida la violencia gráfica y contenido para adultos

Como parte de estas reglas, disponen de una serie de opciones de control del cumplimiento cuando se produce una violación a las reglas. Cuando se toman medidas para controlar el cumplimiento podemos hacerlo en relación con un contenido específico (por ejemplo, un Tweet o Mensaje Directo) o una cuenta.

CASOS DE HACKERS

Juan Sebastián Eljash, de 15 años, y es un *hacker*. Su tío, Diego Sánchez, de 19, es su socio. Son de Bucaramanga (Santander) y crearon la primera 'universidad' virtual en español para aprender técnicas de ataque y defensa de sistemas informáticos. Se llama Exploiter.co y empezó a operar el pasado sábado 3 de septiembre.

Eljash forma parte de esa carnada de jóvenes prodigios que se han empezado a convertir en los orfebres de esta era de la web. Empezó a estudiar lenguajes de programación a los 12 años y ha sido consultor de seguridad de empresas como Mejorando. la y Eaglelabs. Él y su tío han dictado conferencias en instituciones académicas de Bucaramanga, como la Universidad Autónoma, la Universidad Santo Tomás y el colegio San Sebastián.

Durante el primer mes de operaciones, ofrecerán un curso gratuito de introducción al *hacking* ético. "La intención con Exploiter.co es formar profesionales expertos en encontrar vulnerabilidades para después reportarlas a las entidades que los contratan", explicó Sánchez a EL

TIEMPO(Periódico de mayor divulgación en Colombia).

Un *hacker* ético trabaja dentro de los límites de la legalidad, a diferencia de un *hacker* malicioso, también conocido como *cracker*, que lo que busca es provocar daños, robar datos o dinero.

"Después de que concluya el primer mes gratuito, se empezarán a ofrecer cursos de pago. El estudiante debe pagar 25 dólares mensuales. Esto les dará acceso a otros cinco cursos: Penetración *testing* con Metasploit; ataques a aplicaciones web; *hacking* de redes wifi; *hacking* con Python y Ruby (ambos son lenguajes de programación), así como *hacking* ético profesional".

Las clases serán dictadas por expertos reconocidos en el ámbito de la seguridad informática de varios países del mundo. Por el momento, se enfocará en el público hispanoparlante, pero proyectan ingresar al mercado de Estados Unidos eventual-mente.

El desarrollo de este sitio web empezó hace seis meses. En la plataforma de Exploiter.co se ofrecen contenidos en video y en texto.

"HACHER" QUE ATACO 170 PAGINAS WEB OFICIAL TIENE 17 AÑOS

'R4lph_is_here' era la firma que dejaba en cada ciberataque. Para la Policía es el jefe de Colombian Hackers. Otras seis personas ya fueron identificadas.

Tres días le tomó a Rafael, que en la web era conocido como 'R41ph', colarse en la página oficial de la Procuraduría y montar una imagen del alcalde de Bogotá con la frase Petro no se va'. El sitio web del Ministerio Público estuvo el 10 de diciembre pasado bloqueado por casi cuatro horas, tiempo en el que el ciber pirata logró entrar a una base de datos reservada.

Ataques como esos, tipo 'Anonymous', eran el sello de un joven barranquillero que hoy tiene 17 años y que logró, entre julio del 2011 y marzo del 2014, violar la seguridad de 170 páginas electrónicas de entidades del Estado colombiano, incluida la del Ministerio de Defensa. En esas incursiones cambió información, borró archivos, publicó datos reservados y hasta estuvo a punto de tumbar los sitios web de la Registraduría y el Consejo Nacional Electoral en las elecciones de marzo.

Su firma, 'R41ph_is_here', figuraba en operaciones de sabotaje en el ciberespacio desde hace poco más de tres años, cuando apareció la organización 'Colombian Hackers'. El Centro Cibernético de la Dijín, que es la punta de lanza del Estado colombiano contra el ciberterrorismo, los ciberataques y los delitos informáticos, dice que el joven empezó desde los 14 años a relacionarse con las comunidades de lo que se conoce como 'hacktivismo': ataques cibernéticos supuestamente fundados en protestas sociales.

El coronel Freddy Bautista, director del Centro Cibernético de la Dijín, dice que pronto pasaron de la simple protesta a lo delictivo. Uno de sus primeros ataques alteró la lista de donantes de una conocida campaña para recolectar fondos para discapacitados y en febrero pasado hicieron que en la página oficial del Ministerio de Comercio apareciera una imagen que apoyaba el paro cafetero.

Hubo ataques fallidos contra las páginas de la Presidencia, la Contraloría, el Departamento de Planeación Nacional, el Ejército y la Policía, y también a las cuentas en redes sociales de varios congresistas.

Cayó por las redes

Para eso, dicen los investigadores, se unieron con *hackers* de Argentina y utilizaron servidores en ese país, Brasil y Holanda, a su vez conectados con Turquía, Alemania y los Países Bajos. La Policía ya identificó a los miembros de esa comunidad. En el proceso, que la Dijín lleva con una fiscal de la Unidad de Infancia y Adolescencia, están los nombres de ocho personas que pertenecerían a esa comunidad de *hackers* y que están en Medellín, Bogotá, Bucaramanga y el Eje Cafetero. Ninguno supera los 22 años.

La de 'R41ph' no es la única comunidad de 'hactivistas' en la mira de las autoridades colombianas. La Fiscalía también adelanta otro proceso, que se inició con la operación Unmask (desenmascarados) contra Anonymous. En esta, seis personas más son investigadas.

Aunque el joven y su llamada comunidad se creía indetectables y borraban cualquier huella en el ciberespacio para evitar ser detectados tras un ataque cibernético, este año la Dijín lo ubicó en su casa en Barranquilla.

Fueron días y noches de búsqueda de los rastros que en tres años dejó en la *deep web* (un nivel oculto del ciberespacio). Investigadores cuentan que, tras el intento de ataque en las pasadas elecciones, detectaron una comunicación del *hacker* con una mujer, que fue identificada como su novia.

Así comenzó un rastreo minucioso por redes sociales como Facebook. Twitter e Instagram y otras que incluían chats y que permitían ver contactos y relaciones con otros usuarios. Aunque eran pocas las interacciones, esa ingeniería social llevó a los investigadores a mensajes que la jovencita enviaba a una cuenta de nombre Rafael en Twitter. Allí había publicado dos fotos de diplomas que el Sena le había concedido en programación y sistemas.

Pero las fotos no dejaban ver el nombre completo, por lo que fue necesario que peritos, expertos en informática, trabajaran en técnicas forenses para establecer el nombre completo de Rafael.

Fue así como, a finales de mayo pasado, la Dijín allanó su casa en Barran-quilla. Se encontraron con un joven de 17 años estudiante de dos ingenierías: industrial y de sistemas. En su casa hallaron un computador en el que tenía información que terminó convirtiéndose en evidencia clave en el proceso en su contra: listado con páginas 'hackeadas', bases de datos, programas espía y de chats privados, entre otros.

Está previsto que en las próximas semanas la Fiscalía lo llame a interrogatorio, como paso previo para ordenar su captura.

Tenga en Cuenta
Algunas Sugerencias:
Actualizar sistemas de detección y prevención de intrusos. Monitorear constantemente el sistema y dispositivos. Poseer un adecuado hardening (proceso para endurecer vulnerabilidades) de los servidores que se logra eliminando software, servicios, usuarios innecesarios, así como cerrando puertos que tampoco estén en uso, son algunas de las acciones que le pueden evitar dolores de cabeza.

Recomendaciones para que Cuide Información
No hacer transacciones electrónicas en dispositivos móviles de otras personas. Si va a hacer este tipo de operaciones sobre su móvil, prefieran aquellos sitios que involucran software de seguridad en la transacción. Preferiblemente use filtros de pantalla para que evite la lectura de información por externos y/o cámaras. Prefiera tener bloqueo con clave. Haga. respaldo periódicamente de la información que almacena localmente [contactos, archivos]. Use los sistemas de almacenamiento en la nube y no información guardada localmente.

Novedades a los usuarios

Posibilidad De Obtener Espacio Adicional Plus De Estas Herramientas.
Se presentan en el espacio otorgado por las distintas nubes que utilizan los usuarios comunes de la red como son: Dropbox, OneDrive de Microsoft, Google Drive de Google, entre otros

Dropbox: tiene un espacio gratuito de 2GB y bonificaciones de espacio adicional de 500MB por referido, hasta un límite de 16 GB.

OneDrive de Microsoft: posee un espacio gratuito de 7GB y ofrece bonificaciones de espacio adicional de 500 MB por referido y de 3GB por activar el respaldo de la cámara de smartphone desde aplicaciones para Windows Phone, ¡OS y Android!

Google Drive de Google: cuenta con un espacio gratuito de 15GB compartidos entre todas las aplicaciones de Google y no tiene bonificaciones para espacio adicional.

7
CRIPTOGRAFÍA

Definición

En general se define como el conjunto de técnicas utilizadas para proteger información de confidencial de personas no autorizadas. Es una rama de la **criptología**, la disciplina que se dedica al estudio de la escritura secreta, a las formas de codificación.

Otra rama importante es el **criptoanálisis**, encargada de buscar vulnerabilidades en los sistemas criptográficos, y acceder a la información secreta sin disponer de la o las claves de cifrado.

La criptografía puede clasificarse según épocas históricas. Así, tenemos la criptografía clásica y la criptografía moderna.

La **criptografía clásica** hace referencia a formas de transformar un mensaje para hacerlo ilegible a un supuesto atacante, en la época previa a la computación. Aquí algoritmos clásicos están basados en la transposición y la sustitución de caracteres.

Por su parte, la **criptografía moderna** surge a mediados de los años '70, y es la que implementa algoritmos matemáticos computarizados para realizar la transformación del texto original en un texto cifrado.

Debe aclararse que el estudio de la criptografía incluye la matemática subyacente, y la definición de los algoritmos que permiten su implementación en software para dar seguridad a los servicios. En esta serie de posts vamos a hablar sobre **criptografía aplicada**, es decir, vamos a centrarnos en cómo dichos algoritmos permiten brindar servicios de seguridad, sin reparar (demasiado) en detalles teóricos de los mismos.

¿Dónde usamos criptografía?

Los mecanismos criptográficos se usan prácticamente en **todas nuestras comunicaciones en Internet**. Si accedemos a un sitio web, si leemos correos electrónicos, si enviamos un mensaje de Telegram o WhatsApp, si vemos una película en el tele, si hacemos una videoconferencia, etc.

Hoy en día, que abrimos un navegador y accedemos a un sitio vemos el *candadito* indicando que usamos TLS para cifrar la comunicación. TLS (Transport Layer Security) es una capa criptográfica que asegura la comunicación de protocolos de capa superior como HTTP. Incluso buscadores de Internet toman el uso de TLS como parámetro para mejorar el posicionamiento de los sitios.

A eso hay que sumarle plataformas de **SaaS (Software as a service)**, herramientas ofimáticas online, herramientas de trabajo colaborativo, etc.

Todo esto sin contar los mecanismos de seguridad adicionales, basado en criptografía, que incorporan plataformas de **compra-venta** online, **pasarelas de pago**, transacciones con tarjetas de crédito, etc.

Quienes hacen tareas de un Sysadmin es esencial para que los sistemas informáticos funcionen correctamente. Un Sysadmin, abreviatura de administrador de sistemas (en inglés), es un profesional responsable de administrar, mantener y solucionar problemas de sistemas informáticos, servidores, redes y otra infraestructura de TI relacionas; como mínimo usamos conexiones SSH, túneles VPN, plataformas de *observability* con acceso seguro, conexiones seguras a servicios de base de datos, etc. Todos ellos incorporan mecanismos criptográficos.

En fin, hoy en día usamos criptografía todo el tiempo cuando nos conectamos a Internet, independientemente del ámbito en el que nos desarrollemos, y la mayoría de las veces no somos conscientes de ello.

Antes de seguir aclaremos la diferencia entre seguridad informática y seguridad de la información:

- **Seguridad de la información**: métodos y proceso destinados a proteger los archivos de información en general, no necesariamente sobre medio informático.

- **Seguridad informática**: métodos y procedimientos técnicos para lograr la confidencialidad, disponibilidad e integridad de la información. Si se trata de comunicaciones seguras en red, puede añadirse otra propiedad: la autenticación de la información, y su característica asociada, el no repudio (defino estos términos más adelante en este artículo).

Esta definición de seguridad informática se le suman las prácticas de **prevención de ataques** maliciosos a la infraestructura en cuanto a estaciones de trabajo, servidores, dispositivos activos, redes, dispositivos móviles, sistemas de almacenamiento, etc.

Creo que una buena forma de entender todas las propiedades que hacen a una comunicación segura es mediante un esquema denominado **criptosistema**.

Un criptosistema incorpora todos los elementos de un sistema criptográfico necesarios para lograr la seguridad en una comunicación. Supongamos el esquema de un criptosistema como el de la siguiente figura. Más adelante hablaremos sobre claves y algoritmos. Por el momento me interesa que nos centremos en la comunicación.

¿Cuándo la comunicación es segura?

Cuando hablé de seguridad informática mencioné algunas características que debían cumplirse. Veamos ahora qué significan, tomando como base el criptosistema anterior.

- **Confidencialidad**: hace referencia a que solamente las entidades autorizadas puedan acceder al contenido de la información. Bob, en este caso, podrá leer el mensaje original, mientras que Eva no.

- **Autenticación**: se refiere a que Bob pueda verificar que el mensaje que recibió fue enviado efectivamente por Alice, y no existe nadie haciéndose pasar por ella.

- **Integridad**: esta propiedad se cumple si Bob puede verificar, que el mensaje que envió Alice, no ha sido adulterado, ya sea por errores en el canal de comunicación, como por cambios intencionales efectuados por Eva.

- **No repudio**: esta es una característica derivada de la autenticación. Si Bob puede verificar que el mensaje fue enviado por Alice, eso implica que efectivamente Alice lo envió. En este caso, Alice no puede desentenderse de la situación y negar dicho envío.

- **Disponibilidad**: esta propiedad es más general, e implica que, si Bob necesita acceder a la información (mensaje en texto plano) debe poder hacerlo cuando lo requiera.

Decimos que la comunicación es segura si se verifica **confidencialidad, integridad y autenticación**. El no repudio se verifica implícitamente con la autenticación.

La **disponibilidad**, por su parte, permite que la comunicación en sí se lleve a cabo. Si no se cumple disponibilidad no existe tal comunicación, por lo que no se puede verificar seguridad. Aquí Eva podría efectuar un ataque de denegación de servicio a Alice, o simplemente interceptar el canal y descartar los mensajes, con la intención de que Bob no pueda obtenerlos. Para mitigar estos ataques debe recurrirse a otros mecanismos adicionales a los criptográficos.

Existen diversos mecanismos criptográficos para lograr la seguridad de una comunicación, en términos de confidencialidad, autenticidad e integridad.

Los mecanismos principales son tres:

- **Criptografía simétrica**: Si volvemos al criptosistema de la imagen anterior, los algoritmos de cifrado usados serán simétricos si se utiliza la misma clave para encriptar el contenido y para desencriptarlo. Ejemplos de algoritmos simétricos son AES, 3DES, Blowfish, Twofish.

- **Criptografía asimétrica**: En este caso los algoritmos utilizan dos claves, una para cifrar, y otra para descifrar. A estos algoritmos también se los denomina de clave pública, ya que a una de las claves se la denomina pública, y a la otra privada. Ejemplos de algoritmos asimétricos son RSA, DSA o variantes como ECDSA.

- **Funciones hash**: Las funciones hash, o resumen, permiten realizar cálculos para mapear un determinado dato de entrada en una cadena fija de bytes de salida (independientemente de la longitud del dato de entrada). Ejemplos de funciones hash tenemos MD5, la serie SHA y la serie SHA-3, entre otros.

Los administradores de TI utilizan una variedad de métodos de seguridad, incluyendo soluciones de hardware y software, para proteger los datos de la red contra el acceso no autorizado y otras amenazas. Estos mecanismos son una medida preventiva que garantiza la seguridad de la red. Algunos ejemplos de métodos de seguridad son los **OTP**, los tokens, la biometría, los reconocimientos faciales y de voz, los números de identificación personal, así como las tarjetas de débito y crédito que verifican la identidad de los usuarios.

Comunicación confidencial

En el mundo contemporáneo, en el que la fuga de datos es habitual, es crucial que los individuos y las organizaciones extremen las precauciones para proteger la **información sensible** de los delincuentes informáticos.

Los algoritmos de cifrado y descifrado son los componentes clave de la **criptografía**. Estos métodos ayudan a evitar la divulgación de información confidencial y el acceso no autorizado. El secreto para descifrar los datos codificados lo tienen tanto el emisor como el receptor, por lo que es el método más efectivo para ocultar la comunicación.

La app de mensajería más utilizada, WhatsApp, fue pionera en la implantación del **cifrado de extremo a extremo** al incorporarlo a su política de privacidad en 2016. El cifrado garantiza que sólo el emisor y el receptor puedan leer o escuchar lo que se envía, de modo que ni siquiera el personal de WhatsApp tiene acceso a los datos.

El principal motivo de los delincuentes informáticos es acceder a los sistemas, robar sus datos y dinero, o propagar **malware**. Para ello, se hacen pasar por personas, empresas o entidades, y se esfuerzan por ganarse la confianza. Son más que capaces de manipular la tecnología moderna, incluidos los servicios de correo electrónico, las comunicaciones o los protocolos fundamentales de Internet. Las técnicas, como la **MAC** y las firmas digitales en criptografía, se centran en la protección de la información contra la suplantación y las falsificaciones, y en detener a los hackers en su camino.

Silence Laboratories, una empresa emergente de seguridad informática con sede en Singapur, ha obtenido recientemente 1,7 millones de dólares en financiación inicial con la intención de crear mejores **sistemas de autenticación**. La empresa emergente resuelve los problemas de los gestores de activos institucionales, los intercambios y la seguridad de las billeteras de criptomonedas. Utiliza capas de pruebas basadas en el procesamiento de señales y la criptografía para proteger las billeteras digitales, los intercambios y los servicios de inicio de sesión para los productos de la Web 3.0 y la Web 2.0.

Integridad de los datos

La integridad de los datos es un paquete completo que garantiza la exactitud, integridad, coherencia y validez de los datos de una organización. Esto permite a las empresas garantizar que los datos no han sido alterados y que la información de su base de datos es exacta.

El Reglamento General de Protección de Datos (GDPR), que entró en vigor en mayo de 2018, cambió definitivamente las perspectivas sobre lo que piensan las personas y las entidades sobre la violación de la seguridad de los datos o la privacidad. Cada vez más, la gente se ha dado cuenta del impacto de la fuga de datos.

El algoritmo matemático y las funciones hash criptográficas desempeñan un rol fundamental para garantizar a los usuarios la integridad de los datos. Son extremadamente útiles y son utilizados por la mayoría de las aplicaciones de seguridad de la información

8
ADMINISTRACIÓN DE DATOS

Definición

La protección de datos personales se refiere al conjunto de medidas y prácticas que tienen como objetivo **proteger y salvaguardar la privacidad de las personas** y garantizar que sus datos personales sean utilizados de manera responsable y ética. Estos datos incluyen información como nombres, direcciones, números de teléfono, direcciones de correo electrónico, información financiera y de salud, entre otros.

En la era digital en la que vivimos, la protección de los datos personales se ha convertido en un tema de vital importancia para los individuos, las empresas y los gobiernos. La protección de datos personales es una medida que tiene como objetivo garantizar la privacidad y seguridad de la información personal de una persona, ya sea en línea o fuera de línea.

Los datos de una organización son uno de sus activos más valiosos y deben protegerse en consecuencia. Debido a que hay tantas formas en las que los datos de una organización podrían perderse o verse comprometidos, las organizaciones deben adoptar un enfoque multifacético para garantizar el bienestar de sus datos. Esto significa centrarse en tres áreas clave: protección de datos, seguridad de datos y privacidad de datos.

Aunque los términos a veces se usan indistintamente, existen varias diferencias clave entre la protección de datos, la seguridad de los datos y la privacidad de los datos. Aquí las definiciones:

Protección de Datos

La protección de datos es el proceso de salvaguardar información importante contra corrupción, verse comprometida o pérdida.

La protección de datos se centra en la copia de seguridad y la recuperación, aunque hay varias herramientas de protección de datos disponibles. Por lo general, una organización designará a un oficial de protección de datos que es responsable de identificar los datos que deben protegerse y diseñar un conjunto de políticas para garantizar que los datos se puedan recuperar en caso de que se eliminen, sobrescriban o corrompan.

Además de garantizar que se haga una copia de seguridad de los datos de una organización, las políticas de protección de datos también protegen los datos de una manera que se alinea con los acuerdos de nivel de servicio de la organización, particularmente con respecto a los objetivos de punto de recuperación y los objetivos de tiempo de recuperación.

El RPO es una métrica que hace referencia a la frecuencia con la que se crean las copias de seguridad. La frecuencia de la copia de seguridad determina cuántos datos podrían perderse potencialmente en un evento de pérdida de datos. Si una organización tiene un RPO de cuatro horas, entonces la organización podría perder hasta cuatro horas de datos porque todos los datos que se han creado desde la copia de seguridad más reciente podrían perderse.

El RTO es una métrica de cuánto tiempo llevará restaurar una copia de seguridad. Las organizaciones definen un RTO en función del tiempo que pueden permitirse para que los sistemas críticos no estén disponibles durante una operación de restauración.

Importancia de la protección de datos personales

La importancia de la protección de datos personales radica en varios aspectos:

1. **La privacidad es un derecho fundamental que debe ser protegido**. Todos tenemos derecho a decidir qué información

compartimos y con quién la compartimos. Cuando se recopilan datos personales sin nuestro conocimiento o consentimiento, se viola nuestra privacidad y se pone en riesgo nuestra seguridad.

2. **Los datos personales son valiosos y pueden ser utilizados con fines malintencionados.** La información financiera y de identificación personal pueden ser utilizadas por malentes de identidad para cometer fraudes financieros. La información personal también puede ser utilizada para acosar o amenazar a las personas. Además, las empresas pueden utilizar nuestros datos personales para fines de marketing o publicidad, lo que puede ser invasivo y molesto.

3. **La protección de datos personales es esencial para proteger la seguridad nacional y la estabilidad económica.** Los datos personales pueden ser utilizados para realizar actividades criminales o para obtener información sensible sobre empresas o gobiernos. La pérdida o el robo de datos personales puede tener consecuencias graves, como la interrupción de los sistemas de seguridad nacionales y la pérdida de la confianza de los clientes y los inversores.

Por todas estas razones, es importante que se adopten medidas de protección de datos personales. Los gobiernos y las empresas deben implementar políticas y prácticas que garanticen la privacidad y la seguridad de los datos personales.

La implementación de protocolos de seguridad para proteger los datos, la educación de los empleados y los usuarios sobre las mejores prácticas de seguridad, y la adopción de leyes y regulaciones que protejan los datos personales y establezcan sanciones para aquellos que los violen.

Ejemplos de países que han regulado la protección de datos personales

En muchos países, se han **implementado leyes y regulaciones** que establecen la protección de los datos personales como un derecho fundamental. Estas leyes establecen que los individuos tienen derecho a saber qué información se recopila sobre ellos, cómo se utiliza y con quién se comparte.

Por ejemplo, en la Unión Europea, **el Reglamento General de Protección de Datos (RGPD)** entró en vigor en mayo de 2018, estableciendo un conjunto de normas estrictas para proteger los datos personales de los ciudadanos europeos. **Se** establece que las empresas deben obtener el consentimiento explícito de los individuos antes de recopilar, almacenar o utilizar sus datos personales. Además, las empresas deben garantizar que los datos se almacenen de forma segura y se borren cuando ya no sean necesarios.

En los Estados Unidos, **la Ley de Privacidad de California (CCPA)** entró en vigor en 2020, estableciendo requisitos similares para la protección de los datos personales. La CCPA otorga a los ciudadanos de California el derecho a solicitar que se eliminen sus datos personales y también exige que las empresas obtengan el consentimiento de los individuos antes de vender su información personal a terceros.

En México, la protección de datos personales está regulada por **la Ley Federal de Protección de Datos Personales en Posesión de los Particulares (LFPDPPP)**, que entró en vigor en 2010. Esta ley establece los lineamientos para que las empresas, instituciones y organizaciones en general que recopilan datos personales de los individuos, lo hagan de manera responsable, transparente y con el consentimiento de los titulares de los datos.

Seguridad de datos

La seguridad de los datos es la defensa de la información digital contra amenazas internas y externas, maliciosas y accidentales. Aunque la seguridad de los datos se centra específicamente en mantener los datos seguros, también incorpora la seguridad de la infraestructura —es difícil proteger adecuadamente los datos si la infraestructura subyacente es insegura.

Las organizaciones han adoptado innumerables medidas de seguridad y herramientas de seguridad de datos para garantizar la seguridad de los datos. Un ejemplo de ello es la autenticación multifactor (MFA), que utiliza al menos dos mecanismos diferentes para verificar la identidad de un usuario antes de otorgar acceso a los datos. Por ejemplo, un sistema MFA puede usar un nombre de usuario y una contraseña tradicionales combinados con un código que se envía al teléfono inteligente del usuario a través de un mensaje de texto.

Privacidad de datos

La privacidad de los datos, también llamada privacidad de la información, es cuando una organización o individuo debe determinar qué datos en un sistema informático se pueden compartir con terceros.

Hay dos aspectos principales de la privacidad de los datos. El primero es el control de acceso. Una gran parte de garantizar la privacidad de los datos es determinar quién debería tener acceso autorizado a los datos y quién no.

El segundo aspecto de la privacidad de los datos implica la puesta en marcha de mecanismos que evitarán el acceso no autorizado a los datos. El cifrado de datos evita que los datos sean leídos por cualquier persona que no tenga acceso autorizado. También hay varias funciones de prevención de pérdida de datos (DLP) que están diseñadas para evitar el acceso no autorizado, lo que garantiza la privacidad de los datos. Tal mecanismo podría usarse para evitar que un usuario reenvíe un mensaje de correo electrónico que contenga información confidencial.

Diferencias clave

Aunque existe un grado de superposición entre la protección de datos, la seguridad de los datos y la privacidad de los datos, existen diferencias clave entre los tres.

Protección de datos frente a seguridad de datos

La protección de datos es muy diferente a la seguridad de los datos. La seguridad está diseñada para frustrar un ataque malintencionado contra los datos de una organización y otros recursos de TI, mientras que la protección de datos está diseñada para garantizar que los datos se puedan restaurar si es necesario.

La seguridad generalmente se implementa a través de una estrategia de defensa en profundidad, lo que significa que si un atacante viola una de las defensas de la organización, existen otras barreras para evitar el acceso a los datos. La protección de datos se puede considerar como la última línea de defensa en esta estrategia. Si un ataque de ransomware encriptara con éxito los datos de una organización, entonces se puede usar una aplicación de respaldo para recuperarse del ataque y recuperar todos los datos de la organización.

Seguridad de los datos vs. privacidad de los datos

Existe un alto grado de superposición entre la privacidad y la seguridad de los datos. Por ejemplo, el cifrado ayuda a garantizar la privacidad de los datos, pero también podría ser una herramienta de seguridad de los datos.

La principal diferencia entre la seguridad de los datos y la privacidad de los datos es que la privacidad consiste en garantizar que solo aquellos que están autorizados a acceder a los datos puedan hacerlo. La seguridad de los datos se trata más de protegerse contra amenazas maliciosas. Si los datos están encriptados, esos datos son privados, pero no necesariamente seguros. El cifrado por sí solo no es suficiente para evitar que un atacante elimine los datos o utilice un algoritmo de cifrado diferente para hacer que los datos sean ilegibles.

Privacidad de datos vs. protección de datos

La privacidad y la protección de datos son dos cosas muy diferentes. La privacidad de los datos se trata de proteger los datos contra el acceso no autorizado, mientras que la protección de datos implica asegurarse de que una organización tenga una forma de restaurar sus datos después de un evento de pérdida de datos.

A pesar de estas diferencias, la privacidad y la protección de datos se utilizan juntas. Las cintas de respaldo se cifran comúnmente para evitar el acceso no autorizado a los datos almacenados en la cinta.

Similitudes y superposición

Como se señaló anteriormente, existe un grado considerable de superposición entre la protección de datos, la seguridad de los datos y la privacidad de los datos. Esto es especialmente cierto en lo que respecta al cumplimiento normativo.

Implementar y operar un marco de controles y estrategias de gestión para promover el cumplimiento de la legislación sobre datos personales.

- Protección de datos personales

- Desarrolla estrategias para el cumplimiento de la legislación sobre datos personales.
- Se asegura de que la política y los estándares para el cumplimiento de la legislación sobre datos personales sean adecuados para el propósito, estén actualizados y se implementen del modo correcto.
- Actúa como contacto de la organización ante las autoridades reguladoras.
- Opera como un foco de la legislación de datos personales para la organización y trabaja con especialistas para brindar asesoría y orientación autoritarias.

SUPLANTACION DE IDENTIDAD

Internet es un espacio que acoge a tantos usuarios y donde se vuelca tanta información que los ciberdelincuentes pueden encontrar material de sobra para elegir víctimas y atacarlas de diversos modos.

Una de sus actuaciones más dañinas es la suplantación de identidad. Potenciada por las nuevas tecnologías, esta usurpación se extiende como la pólvora en el mundo digital, donde prospera con más frecuencia que en épocas pasadas.

Vamos a ver en qué consiste la suplantación de identidad, por qué es un delito y cómo un perito informático puede contribuir a resolver estos conflictos.

Qué es la suplantación de identidad

La suplantación de identidad es alguien se ha hecho pasar por ti en una red social. Un delito consistente en que una persona se haga pasar por otra para conseguir algún tipo de beneficio al que no tendría derecho si conservase su identidad original.

Un problema habitual hoy en día es la suplantación de identidad en el ámbito de Internet, que es básicamente hacerse pasar por otra persona. Este delito es muy frecuente, esta principalmente asociado a cuentas de correo electrónico empresariales y tiene como único objetivo conseguir dinero de forma ilícita.

- **Suplantación de identidad "Man in the middle":** Dentro de las suplantaciones de identidad destacamos esta práctica que se produce de forma constante y puede ocasionar una perdida importante de dinero.

  - Todo se inicia cuando abrimos un correo electrónico que contiene un virus

  - El virus no afecta al funcionamiento del equipo pero es capaz de descifrar la contraseña del correo

  - Una vez la clave del correo está al alcance del hacker, se queda a la escucha y monitoriza el correo delusuario a la espera de un posible negocio. Cuando ve una oportunidad de negocio, por ejemplo el pago de una factura es cuando actúa.

  - El hacker se mete de lleno en la conversación y se hace pasar por la empresa que emite la factura, indicando que ha habido un cambio en el numero de cuenta y que el ingreso del importe lo deben realizar a una cuenta concreta (la del propio hacker).

  - El usuario que recibe esta petición la atiende normalmente y realiza el ingreso del importe en una cuenta que no es la correcta. A partir de ahí, empiezan disputas entre los dos usuarios por ver quien tiene la responsabilidad, pero el mal ya está hecho, porque suelen ser cuentas extranjeras quecuando se reclama el dinero ya no están operativas en muchos casos.

  - Este sistema que parece a priori poco peligroso, debido al gran volumen de facturación y al ajetreodel día a día, se ha podido comprobar que es muy factible incurrir en este error y que en ese momento no lo tengamos en cuenta y haga el ingreso en la cuenta fraudulenta. Además, es importante remarcar que los hackers son capaces en muchos casos de copiar la firma de correo del usuario, o crear un documento bancario con los datos del usuario, etc. Por lo que puede crear un perfil muy exacto para hacerse pasar por otra persona y esto ayuda a realizar el engaño.

Como evitamos la situación y los peligros de la suplantación de identidad de "Man in the middle":

- Análisis periódico de los equipos en busca de nuevos virus informáticos

- Protocolo de seguridad en el que NUNCA se atienda a un cambio de cuenta bancaria sin hablar antes personalmente con el cliente/proveedor propietario de esa cuenta

- Revisión de filtros de correo (a nivel de servidor de correo) en vistas a que el hacker no haya puesto una redirección o respuesta automática (para que no nos lleguen los correos de un usuario y le reboten al propio hacker). En definitiva, revisar que no tenemos filtros indeseados en el correo electrónico, sobretodo a nivel de correos corporativos.

Otras situaciones de suplantación de identidad pueden verse en el hackeo de cuentas de redes sociales y cuentas de correo electrónico personales, por lo que siempre debemos tener una mínima duda de que la persona con la que estamos tratando pueda no ser realmente aquella con la que creemos interactuar. Esta duda nos hará estar en guardia y en situaciones.

Decimos que una persona suplanta la identidad de otra:

- Creando un perfil digital falso en el que no añada información personal de la víctima salvo su nombre.

- Incorporando datos de la víctima en cualquier otro perfil digital.

- Accediendo a un servicio de usuario haciéndose pasar por él.

- En el mundo digital, estas prácticas se engloban bajo la denominación de phishing, donde un tercero asume la identidad de otra persona o entidad para conseguir algún tipo de beneficio.
- Es muy común encontrar mensajes SMS, de WhatsApp o de e-mail que proceden, aparentemente, de una persona o entidad conocida (un banco o una plataforma de e-commerce, por ejemplo).

Sin embargo, cuando tales mensajes son falsos, el único propósito del infractor es hacerse con datos personales de la víctima, la cual los puede proporcionar involuntariamente siguiendo algún enlace o ciertas instrucciones dentro del propio mensaje.

Los datos sustraídos pueden ser desde contraseñas de correo o perfiles sociales hasta credenciales de bancos o tarjetas de crédito. Es fácil suponer la cantidad de actuaciones ilícitas que pueden ser llevadas a cabo habiendo robado estos datos.

Los presentes Principios se basan en los Principios sobre la protección de los datos personales y la privacidad para las organizaciones del sistema de las Naciones Unidas, aprobados oficialmente por el Comité de Alto Nivel sobre Gestión en su 36ª reunión, el 11 de octubre de 2018 (https://www.unsystem.org/privacy-principles), y que la UNESCO hizo suyos.

Principios

Tratamiento equitativo y legítimo

La UNESCO debe tratar los datos personales de manera equitativa, de acuerdo con su mandato y sus instrumentos rectores y basándose en los elementos siguientes:

1. el consentimiento del interesado;

2. el interés superior del interesado, en consonancia con el mandato de la UNESCO; o

3. el mandato y los instrumentos rectores de la UNESCO.

Especificación de los fines

El tratamiento de datos personales debe responder a fines específicos, que sean conformes con el mandato de la UNESCO y tengan en cuenta un equilibrio entre los derechos, las libertades y los intereses pertinentes. Los datos personales no deben ser tratados de forma incompatible con tales fines.

9
COMAND CENTER

Definicion

Organizar, Dirigir y prestar apoyo inmediato, cundo la situación lo requiera a personas, Edificios, Instalaciones de una compañía, coordinando con las autoridades y los miembros del grupo de reacción inmediata, en el desarrollo de situaciones que se presenten las 24 horas, analizando y tomando las decisiones más apropiada frente a una eventualidad determinada.

Reseña Historica.

La tradición que recoge la seguridad institucional es la del Centro de Control de vuelo de la NASA, en donde un grupo en control de monitores, análisis de información, formulación de mide lo de simulación y de operación y seguimiento de protocolos, prestan el soporte informacional a la astronave que se encuentra en vuelo recibiendo los datos y emitiéndolos nuevamente.

En nuestro país se tiene en las Fuerzas Armadas unos centros de Operaciones que reciben información y la transmiten tanto a las tropas como a los mandos.

Un Command Center, es un lugar que concentra varias actividades, de manera que la compañía tenga el control de todo lo que sucede en sus instalaciones, proveyendo la mas alta seguridad y coordinando las labores diarias que requieran del acompañamiento, seguimiento, control y coordinacion del equipo de seguridad.

Los Centros de control (Comand Center), este lugar es un sitio donde la concentracion es primordial, por lo tanto debe estar aislado, libre de interrupciones, totalmente blindado al ingreso de personal no autorizado; generalmente estos sitios solo deben permitir el ingreso de los operadores y sus respectivos jefes inmediatos, y esto es es el primer protocolo de seguridad a seguir y acatar disciplinadamente. Bajo ningún motivo se debe permitir que el personal ajeno al centro de control (y esto incluye al mismo personal de seguridad, si no son parte del centro de control, no tienen nada que hacer alli) ingrese. Se debe establecer un procedimiento claro para el ingreso de personal de mantenimiento, aseo y cafeteria, en lo posible vigilado constamente, y se deben crear pautas para cubrir documentos, apagar pantallas, retirar y poner en resguardo elementos de almacenamiento de datos y sobre todo evitar la salida e ingreso de cualquier dispositivo de grabación, ya sean memorias, laptops, camaras, microfonos, celulares, videocamaras, camaras espia, etc. Si es necesario establezca un arco magnetico que borre los datos de los dispositivos de almacenamiento magnéticos, eso si, especifique y alerte en un lugar visible el riesgo de perdida de datos, solo por salvar responsabilidades.

¿Que hace un Centro de Control? Su principal función es controlar, coordinar y comandar. Es necesario que la compañia establezca de manera clara y contundente la autoridad del centro de control, así todos sabrán que nada se mueve, se autoriza o se permite si el centro de control no tiene conocimiento y hasta que este apruebe o de una autorización. Las actividades son tan variadas como las actividades de las compañías u organizaciones.

El centro de control también debe ser un centro de comunicaciones, todas las ayudas posibles de comunicación deben estar allí y se deben canalizar todas las llamadas de la compañía que requieran la intervención o hagan uso de algún procedimiento de seguridad. como mínimo debe tener uno o dos soportes de comunicacion adicional al teléfono, como radios, radios trunking, celulares, mensajería por Internet, mail, chat, mensajeros, etc. El apoyo de sistemas es vital sobre todo para el manejo del correo electrónico, las bases de datos, archivos de soporte para inventarios, control de materiales, directorios, procedimientos, etc. También es muy común encontrar en estos sitios sistemas de monitoreo vehicular o de rastreo, control de alarmas, sistemas de control de acceso y sistemas de validación y control de materiales o mercancías. Todo esto si es posible, debe tener su propio operador, es decir, no es buena idea dejar varias o todas las funciones en un solo operador, pues aumenta el riesgo de cometer errores y de paso se estaría perjudicando la salud mental de una persona al manejar altísimos niveles de estres. Como vemos un centro de control conlleva muchas actividades, y dependiendo del volumen de estas, el responsable del departamento de seguridad, deberá definir cuantos operadores serán necesarios y seleccionara los mas idóneos; que deben ser personas capaces de manejar muy bien el trabajo bajo presión y sobre todo tomar decisiones en tiempos minúsculos que mantengan a la compañía segura y eficiente en la prestación de sus servicios o su cometido social.

También es muy común en los centros de control, mezclar el control de otras áreas de seguridad como la seguridad a personas (escoltas), patrullas de vigilancia, monitoreo de cámaras (CCTV), administración de personal de seguridad (agentes de seguridad), etc. Todo esto robustece el centro de control, no hay que mirarlo como una acumulación de labores, si no por el contrario es la mejor concentración de "controles" que puede hacer una compañía, y la mejor manera de hacerlo es dotar un espacio adecuado, con el personal mejor capacitado, y contratar la mejor compañía de seguridad para su administración.

En cuanto a la parte de personal deberá decidir si deja una o varias funciones en un solo operador o por el contrario distribuirá las responsabilidades en varios operadores. Dependiendo del volumen de actividades, deberá crear procedimientos claros y establecer la reglas para cada cargo, es bueno que cada persona, a parte de su entrenamiento, reciba y entienda cuales son sus responsabilidades y cual es el rol dentro del organigrama, cual es su jefe inmediato y cual es el conducto regular, así como también como debe reportar las novedades, que formatos o recursos tiene a disposición, y como va a realizar su trabajo.

La información que se maneja en el centro de control por lo general es sensible y clasificada, es decir, que solo unas pocas personas tienen acceso a ella, por eso es tan importante mantener este sitio aislado y administrado por personal confiable, por eso debe ser el personal mas consentido, con las mejores condiciones salariales y sobre todo con la mejor salud mental, no ahorre esfuerzos ni gastos en procurarles un espacio agradable, con descansos cada cierto tiempo dentro del turno y descansos adecuados cada semana, y siempre demuestreles cuan importantes son para la organización.

Por ultimo, no sobra decir, que los centros de control modernos siempre deben redundar en tecnologías, por eso el personal debe ser altamente calificado en el manejo de sistemas, no hay nada mas difícil que tener que capacitar un operador en las diferentes fases de seguridad y encima perder tiempo en la capacitación de sistemas, por eso es mejor tener en cuenta este aspecto durante la contratación para no retrasar el trabajo de los demás ni correr el riesgo de perder información debido a que un operador no tiene la suficiente destreza para manejar las herramientas informáticas.

El Centro de control debe conocer todo sobre la organización, sobre el personal, sobre todo de los ejecutivos; los vehículos, las sedes, la ciudad o la zona donde se encuentre, la situación de orden publico y el accionar de la delincuencia, debe tener excelente relaciones con la fuerza publica y los organismos de socorro, debe hacer un monitoreo disciplinado de noticias tanto nacionales como internacionales, entender la situación del entorno es indispensable para saber como se puede enfrentar las novedad y prepararse para cualquier amenaza, por eso es tan importante que todos los miembros del equipo reporten cada novedad y se haga en una organizada y registrada que permite llevar un archivo estadístico, y este sea procesado por el analista de información.

Un centro de control es también un centro de soluciones, se debe estar en capacidad de responder a cualquier llamado de cualquier miembro de la compañía y se le debe dar el respectivo apoyo, no solo si es una situación de seguridad, si no también para cualquier motivo, ya sea que necesite ayuda porque se siente amenazado o simplemente porque requiere ayuda para llegar a algún lado.

Esquema De Seguridad

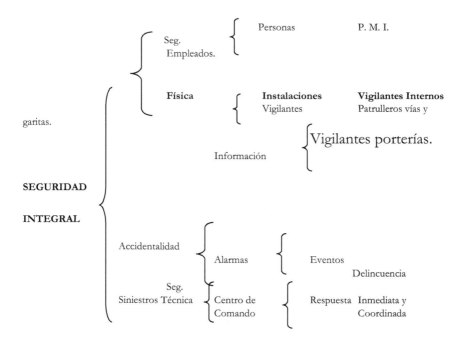

a. CARACTERISTICAS

1. Permanece en un estado de alerta las 24 horas del día, los 365 días del año.
2. Verdaderamente hay rapidez en la respuesta de acuerdo al evento.
3. Permite flexibilidad de los argumentos técnicos frente a estructuras de tipo jerárquico.

b. OBJETIVOS

1. Mantener un estado de alerta permanente que incluye una central de radio, vigilancia y seguimiento de las alarmas.
2. Actualizar los planes de contingencia, plan de emergencia, los dispositivos de seguridad y planes de operación o de fin de semana (puentes y temporadas).
3. Recibir, evaluar y analizar la información recibida por todos los medios para dar una respuesta oportuna.
4. Coordinar los diversos elementos humanos y técnicos que se requiere para afrontar eficientemente una emergencia.
5. Tomar decisiones bajo presión para atender los efectos nocivos de una situación de amenaza o ataque para minimizar los daños.

c. VENTAJAS

1. Estado de alerta permanente, los cuerpos de seguridad bajan la guardia durante determinadas días del año, temporadas e incluso algunas horas del día (madrugada, semana santa, Navidad, año nuevo, días rutinarios baja temporada). Estos descuidos aprovechados por la

delincuencia y se presentan situaciones de riesgo o actos inseguros que son fácilmente aprovechados por los ladrones. Una central constantemente monitoriando e inspeccionando evita estos errores.

2. Estimula al personal de seguridad, al producir respuestas inmediatas, el factor humano incrementa sus niveles de alerta y su actitud investigativa.

3. Centralización de la información, al existir un centro comando, los empleados de la corporación pueden dar información de cualquier tipo que puede ser aprovechada para enfrentar una contingencia, los centros no requieren de un conducto regular para recibir datos.

4. Respuesta inmediata y creativa por la posibilidad del centro de evaluar la información y procede de manera inmediata con acción correcta dentro de las circunstancias especificas.

5. Fomenta la cooperación y el trabajo en equipo del personal en general del centro comando y colabora con otras unidades.

6. Serenidad en la toma de decisiones, no siempre las decisiones tomadas bajo presión son las más afortunadas, como el personal de ese centro a ensayado y a participado en la corrección de planes tiene un amplio rango de posibilidades para tomar las más correcta.

E. EFECTOS DEL COMAND CENTER EN LA ORGANIZACIÓN DE LA SEGURIDAD.

1. A NIVEL DIRECTIVAS

Al descargar en un grupo de especialista la función de alerta y respuesta, se genera un sentimiento de seguridad, al saber que hay personas expertas con planes, encargadas de responder ante las contingencias, entonces las directivas pueden dedicar sus energías a gerencia sus proyectos.

2. A NIVEL EMPLEADOS

Sienten que hay un sitio de la empresa al cual recurrir en caso de emergencia o necesidad de un servicio, lo cual redunda en mejoramiento de la imagen del grupo de seguridad y es un respaldo más adecuado de su empresa.

3. A NIVEL AUTORIDADES

Al tener un interlocutor seguro y experto, se fortalecen las relaciones de colaboración y apoyo con los organismos de seguridad del estado.

Se pueden orientar, y guiar de acuerdos a las necesidades de emergencia del club (incendio, robo, hurto, secuestro).

4. A NIVEL GRUPO DE SEGURIDAD
JEFE DE SEGURIDAD

Siente que puede estar al control de la situación sin desgastarse, pues tiene una fuente permanente de información, el estrés del cargo se reduce a niveles aceptables para el cuerpo humano, dedica su tiempo a diseñar modelos y producir estrategias que redunden en la seguridad así como realizar otras tareas como la comunicación e imagen, visitas a los usuarios, relaciones con las autoridades y comunidad que incumben directamente a la seguridad y que frecuentemente son olvidadas.

GRUPO DE SEGURIDAD

Al haber un centro de recepción y procesamiento de la información, el personal se siente estimulado para producir informes que sean acogidos y que produzcan un efecto inmediato, esto estimula la actitud investigativa, incrementar la eficiencia y la alerta, por cuanto sabe que esta continuamente monitoriado y evaluado su rendimiento en términos de seguridad.

Así mismo sabe que cuenta con un respaldo efectivo durante un ataque o un evento y se dan las orientaciones necesarias en caso de que tenga que actuar y no conozca el procedimiento exacto.

Hay información tanto interna como de los exteriores, al recibir un reporte completo de la situación, el hombre de seguridad se siente involucrado, responsable y activo de la seguridad y miembro de un verdadero equipo. Se puede emitir consignar y ordenes para conocimiento de todo el equipo de seguridad.

d. MODOS DE OPERACIÓN

a. Normal.

Cuando se realiza las funciones habituales de vigilancia, monitoreo y comunicaciones.

b. De emergencia.

Cuando se presenta una situación de carácter extraordinario, evalúa incrementa la alerta, envía y dirige el grupo de reacción comunica y busca los apoyos requeridos.

10
TECNOLOGIAS EMERGENTES

Definición

Las tecnologías emergentes son todas aquellas que buscan generar cambios que transformen la sociedad y la forma en que nos relacionamos con la tecnología. Son tecnologías innovadoras que están en pleno y constante desarrollo y evolución, pero que aún no han alcanzado su pleno potencial o adopción generalizada por parte de la sociedad o industria. En otras palabras, son tecnologías novedosas y disruptivas que tienen el potencial de transformar la sociedad.

En un mundo cada vez más digitalizado e interconectado, la tecnología avanza a un ritmo vertiginoso. Para aprovechar al máximo las oportunidades que nos ofrece este creciente y cambiante mundo digital, es esencial estar al tanto de las tendencias tecnológicas emergentes. En este artículo, exploraremos algunas de las tendencias más emocionantes que están dando forma al futuro de la tecnología.

Tecnología emergente es un término generalmente utilizado para describir una nueva tecnología, pero también puede referirse al desarrollo continuo de una tecnología existente. El término comúnmente se refiere a tecnologías que se están desarrollando actualmente, o que se espera que estén disponibles dentro de los próximos cinco a diez años, y se reserva para tecnologías que están creando, o se espera que creen, efectos sociales o económicos significativos.

Características de las tecnologías emergentes

Hay cinco características clave que califican a una tecnología como emergente:

1. Novedad radical
2. Crecimiento relativamente rápido
3. Coherencia
4. Impacto prominente
5. Incertidumbre y ambigüedad

Tecnologías emergentes

Las tendencias tecnológicas emergentes que están impactando en la sociedad actual son las que comentamos a continuación:

Internet de las Cosas (IoT)

El IoT, tal y como definimos en el artículo llamado "nuestras tecnologías", hace referencia a la interconexión entre dispositivos que, a través de la red, recopilan, almacenan y comparten datos en tiempo real. El IoT está creciendo a medida que más dispositivos y objetos, en gran medida cotidianos, se conectan a internet. De esta manera, está creando una red interconectada que promete hacer nuestras vidas más eficientes.

Inteligencia Artificial (IA)

La Inteligencia Artificial o IA, tal y como definimos en el artículo "Nuestras tecnologías", son aquellas máquinas y sistemas que realizan procesos y tareas emulando la inteligencia humana. Ésta es una de las tecnologías emergentes más importantes en la actualidad. Los avances en IA están permitiendo la automatización de tareas repetitivas y la toma de decisiones más inteligente.

Big Data
Aunque también lo definimos en el artículo "Nuestras tecnologías", el Big Data supone la recopilación, almacenamiento y análisis de cantidades voluminosas y complejas de datos.

Realidad Virtual (RV) y Realidad Aumentada (RA)

Crea una experiencia inmersiva a través de un entorno digital tridimensional en el que los usuarios pueden sumergirse por completo, a menudo usando dispositivos como gafas de RV o cascos de RV, mientras que la Realidad Aumentada superpone elementos digitales en el mundo real a través de dispositivos, como smartphones o tablets o gafas AR.

Realidad Virtual.   Realidad Aumentada.

Metaverso
El metaverso es un mundo virtual al que personas de cualquier parte del mundo se conectan a través de determinados dispositivos y pueden interactuar entre sí con avatares digitales. Todavía está en sus primeras etapas de desarrollo, pero se espera un gran auge.

Blockchain
El blockchain hace referencia a una base de datos que permite almacenar información de forma segura y transparente. Se puede definir como una estructura matemática para almacenar datos de una manera que es casi imposible de falsificar. Es un libro electrónico

público que se puede compartir abiertamente entre usuarios dispares y que crea un registro inmutable de sus transacciones.

Está formada por una cadena de bloques compuesta por registros digitales o datos (bloques), cada uno de los cuales contiene un conjunto de información. Lo que hace hace única a este tipo de tecnología es su naturaleza descentralizada y su capacidad de mantener un registro inmutable de todas las transacciones o eventos registrados en ella. Un tipo muy popular de blockchain es el Bitcoin.

NFT (Non Fungible Token-Token No Fungible)

El *NFT* o *Token No Fungible* es un tipo de activo digital que se utiliza para representar la propiedad o autenticidad de un artículo único o específico utilizando tecnología blockchain. Lo que hace que los NFT sean especiales es que son únicos e indivisibles, a diferencia de las criptomonedas como Bitcoin, que son intercambiables entre sí en función de su valor.

Cloud computing (computación en la nube o informática en la nube)

La computación en la nube o *cloud computing* consiste en el acceso a recursos informáticos (servidores, bases de datos, almacenamiento, software, etc.) a través del uso de servidores remotos conectados a internet, en vez de tener y mantener servidores locales. informática en la nube es la distribución de recursos de TI bajo demanda a través de Internet mediante un esquema de pago por uso. En lugar de comprar, poseer y mantener servidores y centros de datos físicos, puede acceder a servicios tecnológicos, como capacidad informática, almacenamiento y bases de datos, en función de sus necesidades a través de un proveedor de la nube como Amazon Web Services (AWS).

Red 5G

La red 5G es la quinta generación de red móvil que permite dar un mejor soporte a una gran cantidad de dispositivos conectados simultáneamente. Ofrece una conectividad inalámbrica más rápida, confiable y de baja latencia, lo que permite una mayor velocidad de navegación a internet y soporta tecnologías avanzadas, como el Internet de las cosas (IoT) o la Realidad Virtual (RV).

Robótica de próxima generación

Últimos avances en robótica están permitiendo crear máquinas y robots humanoides que comprenden y responden mejor al entorno. Se están creando robots que pueden ejecutar tareas más especializadas con una mejor psicomotrocidad fina. Esto es, podrán desempeñar tareas con una precisión, eficacia y delicadeza que hasta ahora parecía impensable.

¿Qué son tecnologías emergentes?
To top

Ejemplos de tecnologías emergentes
To top

Estos son algunos de los ejemplos de tecnologías emergentes que están dando forma al mundo digital en el 2023:

Inteligencia Artificial (IA)
To top

La Inteligencia Artificial es la simulación de procesos de inteligencia humana por parte de máquinas, especialmente sistemas informáticos. Estos procesos incluyen el aprendizaje, es decir, la adquisición de información y reglas para usar la información, el razonamiento, usar las reglas para llegar a conclusiones aproximadas o definitivas, y la autocorrección.

Descubre más sobre cómo las mejores empresas usan Inteligencia Artificial, en nuestro canal de YouTube:

Automatización
To top

La automatización es un método para controlar u operar un proceso, sistema o dispositivo sin la participación humana continua. La automatización se puede utilizar para imitar tareas que antes eran exclusivas de los humanos, como escribir, hablar y conducir.

RV y RA
To top

La realidad virtual (RV) y la realidad aumentada (RA) son dos tecnologías que están cambiando la forma en que usamos las pantallas. Crea experiencias interactivas nuevas y emocionantes.

La realidad virtual simula un mundo imaginario virtual que puedes explorar. La realidad aumentada te transporta a un mundo virtual, toma imágenes digitales y las superpone en el mundo real que lo rodea mediante el uso de un visor transparente o un teléfono inteligente.

Computación cuántica
To top

La computación cuántica es una tecnología emergente enfocada en el desarrollo de tecnología informática con teoría cuántica. Para 2023, los científicos de IBM habrán desarrollado una computadora cuántica que estará en línea y será capaz de proporcionar una ventaja cuántica.

Tendrá tareas de procesamiento de información más fáciles y será rentable.

Impresión 3D
To top

La impresión 3D promete una revolución en la fabricación, con muchas oportunidades para producir diseños que habrían sido prohibitivamente caros. La impresión 3D ha estado en escena por un tiempo, pero sus aplicaciones aún están en etapas iniciales.

Robótica Médica
To top

Desde la entrega autónoma de suministros hospitalarios hasta la telemedicina y las prótesis avanzadas, la robótica médica ha dado y seguirá dando lugar a muchas innovaciones que salvan vidas.

Seguridad cibernética
To top

La seguridad cibernética está evolucionando como una tecnología emergente importante. La amenaza de los piratas informáticos que intentan acceder ilegalmente a los datos continúa desafiando las medidas de seguridad. La ciberseguridad seguirá siendo una tecnología de tendencia para defenderse de las ciberamenazas.

TERMINOLOGIA

AI-INTELIGENCIA ARTIFICIAL

Son los sistemas o la combinación de algoritmos con el propósito de crear máquinas que imitan la inteligencia humana para realizar tareas y pueden mejorar conforme la información que recopilan. La inteligencia artificial no tiene como finalidad reemplazar a los humanos, sino mejorar significativamente las capacidades y contribuciones humanas.

ANTIVIRUS

Programa cuya finalidad es prevenir los virus informáticos, así como curar los ya existentes en un sistema. Estos programas deben actualizarse periódicamente.

ANTIMALWARE:

El software antimalware se utiliza para detectar y eliminar software malicioso, como virus, gusanos y troyanos, que pueden infectar sistemas y robar datos.

AMENAZA

"Factor de riesgo externo representado por un peligro latente asociado a un fenómeno natural, tecnológico o humano, pudiendo manifestarse en un sitio específico por un tiempo determinado, produciendo efectos adversos a personas o bienes." [Maskrey 1993]

AMENAZAS INFORMÁTICAS

Se entiende como amenaza informática toda aquella acción que aprovecha una vulnerabilidad para atacar o invadir un sistema informático. Las amenazas informáticas para las empresas provienen en gran medida de ataques externos, aunque también existen amenazas internas (como robo de información o uso inadecuado de los sistemas).

AUDITORIA INFORMATICA

Es un proceso que consiste en recopilar, agrupar y evaluar evidencias que permiten determinar si el sistema informático utilizado por una empresa mantiene la integridad de los datos, cumple con los protocolos establecidos, hace un uso eficiente de los recursos, cumple con las normativas y leyes establecidas que regulan la materia.

AUTORIZACIÓN

Determina quienes y qué acciones específicas están permitidas una vez que un usuario o dispositivo ha sido autenticado.

BLOCKCHAIN

Hace referencia a una base de datos que permite almacenar información de forma segura y transparente. Se puede definir como una estructura matemática para almacenar datos de una manera que es casi imposible de falsificar. Es un libro electrónico público que se puede compartir abiertamente entre usuarios dispares y que crea un registro inmutable de sus transacciones.

CIBERSEGURIDAD

Internet sirve para encontrar información, chatear, estar en contacto con las personas que quieres, seguir con tus estudios y también encontrar mucho contenido para divertirte. Lo malo es que internet también representa riesgos. Se puede filtrar información, robar, secuestrar. Por ellos es necesario tomar medidas preventivas los Padres.

CIBERVIOLENCIA

La ciberviolencia de género consiste en el acoso producido por parte de una persona hacia otra del sexo opuesto utilizando las nuevas tecnologías y todas las herramientas que proporciona internet. Las redes sociales, los foros, los juegos online, los chats… son lugares muy comunes en los que se da este tipo de violencia, por lo que resulta imprescindible conocer qué es la ciberviolencia de género.

CLIENTE

Es un ordenador o software que accede a un servidor y recupera servicios especiales o datos de él. Es tarea del cliente estandarizar las solicitudes, transmitirlas al servidor y procesar los datos obtenidos para que puedan visualizarse en un dispositivo de salida como una pantalla.

CIFRADO

En ciberseguridad es la conversión de datos de un formato legible a un formato codificado. Los datos cifrados solo se pueden leer o procesar luego de descifrarlos. El cifrado es la base principal de la seguridad de datos.

CÓDIGOS

Son el lenguaje universal que se utiliza para crear y dar formato a los sitios web. Funcionan en cualquier sistema operativo (Windows, Mac, Linux, etc.) y con cualquier navegador (Chrome, Explorer o Mozilla).

CÓDIGO MALICIOSO

Es un tipo de código informático o script web dañino diseñado para crear vulnerabilidades en el sistema que permiten la generación de puertas traseras, brechas de seguridad, robo de información y datos, así como otros perjuicios potenciales en archivos y sistemas informáticos.

CONFIDENCIALIDAD

La confidencialidad se refiere a la protección de la información sensible para evitar que caiga en manos no autorizadas. Esto se logra mediante técnicas como el cifrado de datos y la gestión de acceso.

DEFACEMENT

Ataque en el que un ciberdelincuente modifica una página web de contenido, un aspecto, ya sea aprovechándose de vulnerabilidades que permiten el acceso al servidor donde se encuentra alojada la página, o vulnerabilidades del propio gestor de contenidos de software desactualizado o plugins no oficiales.

DOMINIO

Sistema de denominación de hosts (estaciones de trabajo) en red, está formado por un conjunto de caracteres el cual identifica un sitio de la red accesible por un usuario.

ENCRIPTAR

Cifrado. Tratamiento de un conjunto de datos, contenidos o no en un paquete, a fin de impedir que nadie excepto el destinatario de los mismos pueda leerlos. Hay muchos tipos de cifrado de datos, que constituyen la base de la seguridad de la red.

FARMING

Realizan varias comunicaciones con las víctimas hasta conseguir la mayor cantidad de información posible.

FIREWALLS:

Los firewalls son software que se utilizan para controlar el tráfico de red y proteger una red o sistema contra amenazas externas. Pueden bloquear o permitir ciertos tipos de tráfico según las reglas configuradas.

GATEWAY

Es un punto de red que actúa como entrada a otra red.

GRUPO

Es un espacio similar a la página, al que se le agrega un foro o un ámbito de discusión en el cual usuarios y usuarias conversan sobre diferentes tópicos relacionados con el tema que los convoca.

GROOMING

Las acciones con fines sexuales de las que son víctimas niñas, niños y adolescentes en el entorno digital. Una de las formas que suelen utilizar los agresores sexuales es crear perfiles falsos para ganarse la confianza de un menor de edad con la intención de seducirlo, manipularlo, incitarlo a involucrarse en actividades sexuales y luego violentarlo sexualmente.

HARDWARE

Maquinaria. Componentes físicos de una computadora o de una red (a diferencia de los programas o elementos lógicos que los hacen funcionar)

HARDENING

(palabra en inglés que significa endurecimiento, proceso para endurecer vulnerabilidades).

En seguridad informática es el proceso de asegurar un sistema, esto se logra eliminando software, servicios, usuarios, etc; innecesarios en el sistema; así como cerrando puertos que tampoco estén en uso además de muchas otros métodos y técnica.

HACKERS:

Hacker se referirse a una persona o a una comunidad que posee conocimientos en el área de informática y se dedica a acceder a sistemas informáticos para realizar modificaciones en el mismo.

HACKERS WHITE HAT (O de sombrero blanco)

Son aquellos que se basan en la ética. Desarrollan su trabajo fortaleciendo y protegiendo los sistemas informáticos de sus clientes, ocupando así puestos importantes en las empresas de seguridad informática. Hacen auditorias informáticas (Es un proceso que consiste en recopilar, agrupar y evaluar evidencias que permiten determinar si el sistema informático utilizado por una empresa mantiene la integridad de los datos, y cumple con los protocolos), Hacen un uso eficiente de los recursos, cumple con las normativas y leyes establecidas que regulan la materia.

en los sistemas para así protegerlos del ataque de otros hackers. Son esenciales para que las grandes empresas dispongan de una red sólida.

HACKERS BLACK HAT (O de sombrero negro son aquellos que usan sus conocimientos para hacer el mal).

Estos son los verdaderos ciberdelincuentes En la inmensa mayoría de casos, lucrarse). Detectan fallas en los sistemas de seguridad informáticos para así romperlos y acceder a zonas restringidas donde pueden obtener información secreta. De este modo, clonan tarjetas de crédito, suplantan identidades, extraen información para chantajear.

HACKERS RED HAT (O de sombrero rojo son aquellos que podrían entenderse como los Robin Hood del mundo de los hackers).

Son aquellos que actúan contra los hackers de sombrero negro con el objetivo de derribar su infraestructura, pirateando los sistemas de estos hackers negros, deteniendo los ataques que estos realizan.

IMPACTO

"Cuantificación del daño ocasionado una vez materializada la amenaza"

INGENERIA DE LA SEGURIDAD

Es una rama de la ingeniería, que usa todo tipo de ciencias para desarrollar los procesos y diseños en cuanto a las características de seguridad, controles y sistemas de seguridad. La principal motivación de esta ingeniería ha de ser el dar soporte de tal manera que impidan comportamientos malintencionados.

INGENIERÍA SOCIAL

Se llama ingeniería social a las diferentes técnicas de manipulación que usan los ciberdelincuentes para obtener información confidencial de los usuarios.

IP

Una dirección IP es un número que identifica de forma única a una interfaz en red de cualquier dispositivo conectado a ella que utilice el protocolo IP (Internet Protocol), que corresponde al nivel de red del modelo TCP/IP.

FIRMWARE

Todos los componentes electrónicos de nuestro PC tienen un firmware. Este software es una pieza básica para el funcionamiento de los mismos, pero, aun así, todavía hay usuarios que no saben qué es y la importancia que tiene su presencia en nuestros componentes.

NFC

O Comunicación de Campo Cercano, es una tecnología para el intercambio de datos entre un lector y cualquier terminal móvil compatible o entre los propios terminales. Es la tecnología que utiliza su tarjeta bancaria para el pago sin contacto, o su tarjeta de transporte. La ventaja de esta tecnología es que, en principio, no se requiere ninguna aplicación. Todo lo que tienes que hacer es reunir a los dos medios de comunicación.

NOTICIAS FALSAS

Las noticias falsas son más compartidas desafortunamente que las verdaderas por eso debemos ser cuidadosos con lo que compartimos en redes sociales

MALWARE

Cualquier programa cuyo objetivo sea causar daños a computadoras, sistemas o redes y, por extensión, a sus usuarios.

METAVERSO

Es un mundo virtual al que personas de cualquier parte del mundo se conectan a través de determinados dispositivos y pueden interactuar entre sí con avatares digitales. Todavía está en sus primeras etapas de desarrollo, pero se espera un gran auge.

PAGINA

En general, las páginas de Facebook están dedicadas a productos, marcas, artistas, películas de cine, etc. En esos espacios los usuarios y usuarias intercambian información relacionada con el tema que los convoca.

PARCHES

Son fragmentos de código que actualizan programas o sistemas operativos. El objetivo de un parche es corregir los errores del software para minimizar las vulnerabilidades existentes y evitar su explotación.

PERFIL

Es la identidad que una persona tiene en las redes sociales. Puede incluir desde la fecha de nacimiento hasta el lugar donde trabaja o estudia, pasando por muchas de sus preferencias en cuestiones como música, libros, cine o moda. Además, los usuarios y usuarias

PHARMING.

Buscan engañar a los usuarios de internet para quedarse con información personal y datos bancarios.

PHISHING

Es un delito cibernético que utiliza la mentira y el engaño para robar datos personales que pueden terminar en suplantación de identidad o robo.

PROTECCIÓN DE DATOS

Se refiere al conjunto de medidas y prácticas que tienen como objetivo proteger y salvaguardar la privacidad de las personas y garantizar que sus datos personales sean utilizados de manera responsable y ética. Estos datos incluyen información como nombres, direcciones, números de teléfono, direcciones de correo electrónico, información financiera y de salud, entre otros.

RIESGO

Probabilidad de que una amenaza explote una vulnerabilidad.

- Probabilidad o posibilidad de que se produzca un accidente:

- incendio provocado, hurtó, sabotaje, intrusión, secuestro, asesinato, otros.

RIESGO DE SEGURIDAD INFORMÁTICA

Es en el sentido extenso de la palabra cualquier cosa en su computadora que pueda dañar o robar sus datos o permitir que otra persona acceda a su computadora, sin su conocimiento o consentimiento. Hay muchas cosas diferentes que pueden crear un riesgo para la computadora, incluido el malware , un término general que se usa para describir muchos tipos de software malo. Comúnmente pensamos en virus informáticos, pero existen varios tipos de software defectuoso que pueden crear un riesgo para la seguridad informática, incluidos virus, gusanos, ransomware, spyware y troyanos. La configuración incorrecta de los productos informáticos, así como los hábitos informáticos inseguros, también presentan riesgos. Veamos estos con más detalle.

ROBO DE IDENTIDAD

Alguien se ha hecho pasar por ti en una red social.La suplantación de identidad es un delito consistente en que una persona se haga pasar por otra para conseguir algún tipo de beneficio al que no tendría derecho si conservase su identidad original.

ROUTER

Un router es un dispositivo que ofrece una conexión Wi-Fi, que normalmente está conectado a un módem y que envía información de Internet a tus dispositivos personales, como ordenadores, teléfonos o tablets. Los dispositivos que están conectados a Internet en tu casa conforman tu red de área local (LAN). Una vez que un módem recibe información de Internet, el router la envía a los dispositivos personales.

ROUTERS

Es un dispositivo que determina el siguiente punto de la red hacia donde se dirige un paquete de data en el camino hacia su destino.

SEGURIDAD

Todo lo que hacemos para evitar riesgos y peligros.

Ciencia empírica y multidisciplinar, que estudia las amenazas, riesgo y vulnerabilidades de las personas, los bienes muebles e inmuebles y la información buscando soluciones que permitan con garantía y eficacia mantener la integridad y continuidad

SEGURIDAD EN LAS COMUNICACIONES Y SISTEMA

Es el conjunto de normas y medidas que se toman con el objeto de impedir la interpretación de las mismas, así como protegerlas de una interferencia, análisis de tráfico o engaño por imitación

SEGURIDAD DE INFORMACION

Conjunto de procedimientos encaminados a impedir la divulgación y conocimiento por parte de personal no autorizado documentos o material que puedan perjudicar el funcionamiento de la organización.

SERVIDOR

Computadora que maneja peticiones de data, email, servicios de redes y transferencia de archivos de otras computadoras (clientes).

SEXTING

 Contenido sexualmente explícito a través de redes sociales o chats de forma voluntaria. Es enviar fotos o videos de uno/a mismo/a con carácter sexual a otra persona mediante un dispositivo como teléfono o Tablet. Aunque hacerlo es una decisión muy personal, es importante saber que es una práctica riesgosa.

SEXTORSIÓN

Práctica que consiste en extorsionar a una persona con mensajes, imágenes o videos con contenido sexual que ella misma generó, amenazándola con publicar el material si no lleva a cabo una acción específica.

SYSADMIN

Abreviatura de administrador de sistemas (en inglés), es un profesional responsable de administrar, mantener y solucionar problemas de sistemas informáticos, servidores, redes y otra infraestructura de TI relacionada.

SISTEMA OPERATIVO

Es el software que coordina y dirige todos los servicios y aplicaciones que utiliza el usuario en una computadora, por eso es el más importante y fundamental.

SOFTWARE

Se refiere a programas en general, aplicaciones, juegos, sistemas operativos, utilitarios, antivirus, etc. Lo que se pueda ejecutar en la computadora.

SCAREWARE

Es un malware con el que los cibercriminales asustan a los usuarios para que visiten un sitio web infectado. Aparece principalmente en ventanas emergentes en las que se comunica cómo se puede eliminar un virus informático que aparentemente existe en el dispositivo. Cuando el usuario da clic en esta ventana, realmente lo dirige a un sitio infectado que propicia la instalación de malware sin notarlo.

SPOOFING
Falsificación de la página web por medio de diferentes técnicas.

VULNERABILIDAD
Factor de riesgo interno de un sistema expuesto a una amenaza, y se corresponde con su predisposición intrínseca a ser afectado o susceptible de daño." [Cardona 1993]

VULNERABILIDADES PSICOLÓGICAS
Los agresores buscan persuadir y convencer a sus víctimas de forma insistente.

SWITCHES:
Equipo que por medio de la dirección física del equipo (Mac address) en los paquetes de data determina a que puerto reenviar la data. Usualmente se asocia con el Gateway.

TI:
Tecnologías de la información

UPS
Siglas en ingles de Uninterruptible Power Suply, es un aparato que incluye una batería que en caso que se vaya la electricidad, puede, por ejemplo, mantener una computadora funcionando lo suficiente para que el usuario pueda apagarla y guardar data importante.

URL
Se conoce en informática como URL (siglas del inglés: Uniform Resource Locator, es decir, Localizador Uniforme de Recursos) a la secuencia estándar de caracteres que identifica y permite localizar y

recuperar una información determinada en la Internet. Eso que escribimos en la casilla del navegador o explorador para visitar una página web determinada, comúnmente referido como "dirección", es justamente su URL. Así como en la vida real cada casa o negocio tiene una dirección postal necesaria para enviarle algo por correo, en Internet cada recurso (imagen, video, texto, audio o página web) posee una dirección asociada, que es necesario tener para tener acceso a la información. Por ejemplo, el buscador más popular en la web, "Google", responde a la URL https://www.google.com en general, pero sus versiones nacionales personalizadas poseen direcciones levemente

USUARIO

En informática y la cultura Web, se entiende por usuario a un conjunto de permisos y de recursos asignados a un operador como parte de una red informática, y que bien puede ser una persona, un programa informático o un computador.

VISHING

Es de la línea del phishing, pero en este ataque los cibercriminales utilizan llamadas y mensajes de voz para hacer caer a las víctimas: falsifican números de teléfono y se hacen pasar por una persona de confianza o con autoridad, por ejemplo, alguien del banco, un representante de otra empresa con la que se tenga un servicio o incluso, un compañero del área informática o de tecnología.
Durante la llamada el delincuente le solicita a la víctima información o le hace algunas preguntas sobre su identidad con el pretexto de ofrecerle un mejor servicio o ayudarlo a resolver algún inconveniente.

VULNERABILIDAD

Una vulnerabilidad en ciberseguridad es una falla en la seuguridad informática que pone en peligro al sistema. Es decir, que se trata de un bug que puede usar un atacante con fines maliciosos.
Punto físico, aspecto personal o comportamiento suficientemente

débil que permite ser aprovechado por otros individuos, que puede ser herido o dañado. Que se puede quebrantar o perjudicar.

VIRUS:

Programa que se duplica a sí mismo en un sistema informático incorporándose a otros programas que son utilizados por varios sistemas.

TECNOLOGIAS EMERGENTES

Las tecnologías emergentes son todas aquellas que buscan generar cambios que transformen la sociedad y la forma en que nos relacionamos con la tecnología.

WIFI

Es el nombre que recibe una familia de protocolos de red inalámbrica que permiten a los dispositivos electrónicos modernos, como smartphones, portátiles y diversos artilugios del Internet de las Cosas, conectarse de forma inalámbrica a un router habilitado para WiFi con el fin de acceder a Internet.

BIBLIOGRAFIA

- Manual de Seguridad Informática: Rafael Darío Sosa González.2022

- Manual de Gerencia de la Seguridad: Rafael Darío Sosa González.2022

- Manual Proteja su hijo del Internet; Rafael Darío Sosa González 2023

- Manual de Gerencia de la Seguridad Rafael Darío Sosa González.2023

- Manual de Seguridad Integral. Rafael Darío Sosa González.2023

- Claves de las Políticas de Seguridad Informática: Equipo de redacción-UNIR Revista: mayo 2020.

- Planes de Seguridad Informática: Vicente López-USS-Seguridad Integral- uss.com Argentina.

- Garcilazo Ortiz Gustavo. Procedimientos de seguridad informática en sitios Web.

- https://www.gestiopolis.com/procedimientos-de-seguridad-informatica-en-sitios-web/

- MICROSOFT. Procedimientos de seguridad básicos para aplicaciones web.

- http://msdn.microsoft.com/es-es/library/zdh19h94(v=vs.100).aspx

- OWASP. Proyecto WebScarab OWASP. Recuperado el 20 de enero de 2014, de

- https://www.owasp.org/index.php/Proyecto_WebScarab_OWASP

- UNAM – CERT. (2011 de MAYO de 2011). Aspectos Básicos de la Seguridad en Aplicaciones Web. Recuperado el 16 de ENERO de 2014, de http://www.seguridad.unam.mx/documento/?id.

- Conceptos básicos sobre seguridad informática: Néstor Adrián Aguirre- 11/09/2019
- Publicado en: informática, seguridad- informatizarte.com

- Definición de seguridad informática- Autores: Julián Pérez Porto y María Merino. (https://definicion.de/seguridad-informatica/)

- Principios Generales de Protección Física: Miguel Ángel González Consultor en Seguridad- http://www.forodeseguridad.com/artic/segcorp.htm

- Conceptos Básicos De La Seguridad Informática:
- https://infosegur.wordpress.com/

- Manejo de la Información: Markus Erb - https://protejete.wordpress.com/

- backup: Guillem Alsina González: Definición ABC/
- https://www.definicionabc.com/tecnologia/backup.php

- ALBERTO NAGAYA FLORES: recursos de los sistemas informáticos- ticsiscanf.mex.com

- Ana I. Martínez: la Tecnología Amenaza el Futuro del Bienestar-abc.es

- Inteligencia Artificial: julio lira segura- director periodístico-Gestion.pe

- Ataque cibernético: consecuencias, cómo actuar y cómo protegerse- Emanuele Carisio, consultor en negocios y tecnologías digitales.mediaclaud.es

ENLACES

- https://es.wikipedia.org/wiki/Ingenier%C3%ADa_de_seguridad#:~:text=La%20ingenier%C3%ADa%20de%20seguridad%20es,controles%20y%20sistemas%20de%20seguridad.
- -https://juncotic.com/criptografia-y-seguridad/
- -https://latam.kaspersky.com/resource-center/definitions/what-is-social-engineering
- -https://www.proofpoint.com/es/threat-reference/social-engineering
- https://www.ehowenespanol.com/definicion-ingenieria-seguridad-hechos_543040/
- https://www.michaelpage.es/advice/profesi%C3%B3n/tecnolog%C3%ADa/perfil-de-ingenieroa-de-seguridad

- https://alfaiot.com/blog/informacion-69/tendencias-tecnologicas-emergentes-713#:~:text=Son%20tecnolog%C3%ADas%20innovadoras%20que%20est%C3%A1n,potencial%20de%20transformar%20la%20sociedad.
- https://sfia-online.org/es/sfia-8/skills/emerging-technology-monitoring
- https://sfia-online.org/es/sfia-8/skills/personal-data-protection
- https://www.cesuma.mx/blog/que-es-la-proteccion-de-los-datos-personales.html
- https://www.computerweekly.com/es/definicion/Privacidad-de-datos-seguridad-de-datos-y-proteccion-de-datos
- https://www.unesco.org/en/privacy-policy

ACERCA DEL AUTOR

RAFAEL DARIO SOSA GONZALEZ

Oficial de la reserva activa del Ejercito Nacional. De COLOMBIA.

Después de su retiro ha desempeñado los siguientes cargos: director de Seguridad en Servicios (INDUSTRIAS ARETAMA Ltda.). Jefe de Seguridad (COLTANQUES Ltda.). Director Operaciones (MEGASEGURIDAD LA PROVEEDORA Ltda.) Gerente (Propietario) ESCUELA NACIONAL DE VIGILANTES Y ESCOLTAS (ESNAVI LTDA.), Coordinador Proyecto Seguridad Aeronáutica (COSERVICREA Ltda.), Coordinador de Seguridad Proyecto Aeronáutica (COLVISEG Ltda.).

En el área de la docencia: se ha desempeñado como Docente en el Instituto de seguridad Latinoamericana (INSELA Ltda.) Docente de la Escuela Colombiana de Seguridad (ECOSEP Ltda.) Como Consultor Seguridad, Asesoró en Seguridad en Empresas como: ADRIH LTDA, POLLO FIESTA Ltda., SEGURIDAD ATLAS Y TRANSPORTE DE VALORES ATLAS Ltda., SEGURIDAD SOVIP Ltda.

Entre los estudios realizados: Diplomado en Administración de La Seguridad (UNIVERSIDAD MILITAR NVA GRANADA), Diplomado en Seguridad Empresarial (UNIVERSIDAD SAN MARTIN-ACORE):Diplomado Sociología para la Paz, Derechos Humanos, negociación y Resolución de Conflictos (CIDE-CRUZ ROJA COLOMBIANA-ACORE) Diplomado en Gestión de la Seguridad (FESC-ESNAVI Ltda.) ,Programa maestro en Seguridad y Salud Ocupacional(CONSEJO COLOMBIANO DE SEGURIDAD), Liderazgo Estratégico en Dirección , Gerencia Estratégica en Servicio al Cliente(SENA) ,

Curso Seguridad Empresarial(ESCUELA DE INTELIGENCIA Y CONTRAINTELIGENCIA BG.CHARRY SOLANO),curso de Seguridad Electrónica básico (A1A), Curso Analista de Poligrafía (Pfisiólogo Poligrafista)Poligrafía Basic Voice Store Análisis (DIOGENES COMPANY),entre otros.

Adicionalmente se encuentra desarrollando Programa de entrenamiento para COACHES en INTERNACIONAL COACHING GROUP (ICG) Y DIPLOMADO PARA COACHING CRISTIANO (METODO CC).

Propietario de la Empresa Security Works www.sewogroup.com. Empresa al servicio de la seguridad y vigilancia privada en Latinoamérica. Actualmente se desempeña como director general SECURITY WORK S.A.S.

AUTOR: 20 Libros Colección de Seguridad entre otros Vigilancia Básico, Avanzada. Escolta Básico, Manual de Manejo Defensivo, Manual de Medios Tecnológicos, Manual Prevención Secuestro, Manual del Supervisor. Impresos con la Casa Editorial Security Works de Venta en todos los Países de Habla Hispana.

LOS TITULOS DE LA COLECCIÓN SEGURIDAD PRIVADA

La colección Seguridad dirigida a profesionales de Latinoamérica, Europa, Israel, etc.

PUBLICADOS

01. Manual Para la Vigilancia Privada Básico.
02. Manual Para la Vigilancia Privada Avanzado.
03. Manual Básico del Supervisor de la Vigilancia.
04. Manual Básico del Escolta Privado.
05. Manual Avanzado del Escolta Privado
06. Manual Seguridad Medios Tecnológicos
07. Manual de Manejo Defensivo.
08. Manual de Vigilancia y Contra vigilancia.
09. Manual de Antiterrorismo.
10. Manual de Seguridad Aeronáutica.
11. Manual de Seguridad sin Recursos.
12. Manual de Seguridad Canina.
13. Manual de Seguridad residencial.
14. Manual de Autoprotección Secuestro
15. Manual de Seguridad Hotelera
16. Manual de Seguridad Hospitalaria
17. Manual de Seguridad Comercial
18. Manual de Seguridad Bancaria
19. Manual de Seguridad Empresarial
20. Manual del Directivo de Seguridad

Visite:

www.sewogroup.com

Representantes y
Distribuidores Visite
la web:
http//Amazon.com

www.ingramcontent.com/pod-product-compliance
Lightning Source LLC
LaVergne TN
LVHW051340050326
832903LV00031B/3650